Sivan Karnieli **Wer sich bewegt, kommt zu sich selbst**

AF186411

Sivan Karnieli

Wer sich bewegt, kommt zu sich selbst
Eurythmie für jeden Tag

Mit Zeichnungen von
Nina-Sophie Jutard-Graewe

FUTURUM

6. Auflage 2020

© 2013 Futurum Verlag, Basel

Abbildungsnachweis

Nr. 4, 5, 6, 7, 18, 20, 21, 24, 25: Sivan Karnieli

Nr. 17: Agrippa: «Von dem Verhältnisse, dem Maße und der Harmonie des menschlichen Körperbaues»; Darstellungen aus «De occulta philosophia (Magische Werke)», 2. Buch, 27. Kapitel. (Figur 1 und 2 in vertauschter Reihenfolge, gemäß Rudolf Steiner)

Alle übrigen Zeichnungen: Nina-Sophie Jutard-Graewe

Satz und Gestaltung: Michael Bader
Umschlagabbildung: Charlotte Fischer
Einbandgestaltung: Finken & Bumiller, Stuttgart
Druck und Bindung: Beltz, Bad Langensalza
Printed in Germany

ISBN: 978-3-85636-240-9
www.futurumverlag.com

Inhalt

Vorwort zur fünften Auflage

Als ich dieses Büchlein schrieb, war es hundert Jahre her, dass die Eurythmie von Rudolf Steiner gegeben wurde. Das war 2012. Nach hundert Jahren kann ein Impuls neu in die Welt kommen, es ist dann wie ein Tor offen, durch das wir an die Kräfte anschließen können, die mit diesem Impuls zur Erde kommen wollten. Beim Schreiben hatte ich immer das Gefühl, dass der stärkste Impuls der Eurythmie damit verbunden ist, den inneren Menschen zu erwecken, zu beleben und zu stärken und dadurch heilende Kräfte ins Soziale zu tragen. Die äußere Bühne wird zur inneren Bühne. Da kann der Mensch sich von seinem Engel gesehen fühlen. Dies stärkt die individuelle und gleichzeitig die menschheitliche Verbindung zur geistigen Welt.

In diesem Zusammenhang ist vielleicht nicht unbedeutend, was hundert Jahre vor 1912 geschehen ist. 1812 wurde Kaspar Hauser geboren. Wenn er nicht so gelebt hätte und gestorben wäre, wie er es tat, so äußerte sich Rudolf Steiner, wäre das Band der Menschheit zur geistigen Welt abgerissen. Mit ihm sollten Impulse auf die Erde kommen, um aus dem Geistigen in das Soziale zu wirken.

Dieses Band zur geistigen Welt zu stärken, gehört auch heute noch zu den wesentlichsten Aufgaben der Menschheit. Es freut mich, wenn dieses Buch einen kleinen Beitrag dazu leisten kann. Da ich seit dem Erscheinen der ersten Auflage durch andere Menschen angeregt wurde und selbst weiter übte, haben sich gewisse Gesichtspunkte vertieft, die nun in der fünften Auflage berücksichtigt werden konnten. Dafür möchte ich dem Verlag an dieser Stelle ganz herzlich danken.

Sivan Karnieli   Ostern 2016

Vorwort und einige praktische Hinweise

Um es gleich vorweg zu sagen: Eurythmie ist mehr, als du jetzt vielleicht gerade denkst – falls du sie überhaupt schon kennst. Sie ist jedenfalls noch anders, als sie gewöhnlich in Erscheinung tritt. Sie ist eine bestimmte Art zu denken, wahrzunehmen, zu erleben und zu handeln. Sie hat mit vielen Fragen unseres Lebens zu tun. Doch bevor ich das jetzt lange erkläre, machen wir einen Anfang und beginnen sogleich mit zwei Übungen. Die eine nenne ich «Momo-Übung», die andere «Apfelbaum-Übung»:

Die «Momo-Übung»

In dieser Übung geht es um die Frage: Wo entsteht Zeit? In dem bekannten Buch *Momo* von Michael Ende gibt es Zeit-Sparkassen-Agenten, die den Menschen vorrechnen, wie viel Zeit sie stündlich, täglich, wöchentlich, jährlich, ja ihr ganzes Leben verlieren mit Dingen, die keinen Zweck erfüllen. Die Menschen fühlen sich durch diese Rechnung bedrängt, sie übernehmen das Wertesystem dieser Agenten und willigen ein, Kunde oder Kundin bei der Zeit-Sparkasse zu werden. Diese Einwilligung reicht auch schon, sie brauchen keinen Vertrag zu unterschreiben – denn sie erfüllen ihn bereits. Warum sollte man da noch ein Wort darüber verlieren?

Ja, wo entsteht Zeit? Momo, das Kind, das fragen – und zuhören kann, findet in Michael Endes Roman zum Zeitwesen. Es erfährt das Geheimnis, dass die Zeit im Herzen des Menschen entsteht. Zeit wird Leben; Lebenszeit statt Zeit, um zu leben. Zeit ist uns nicht von außen gegeben – sie entfaltet sich von innen!

Um zur Quelle der Zeit zu gelangen, lässt sich Folgendes tun:

Setz dich bequem hin, schließ die Augen und versuch, zur Ruhe zu kommen. Achte nicht besonders auf deinen Atem, atme einfach ruhig. Erspüre dein Herz. Fühle, dass es viel größer ist als das, was physisch als seine Form erscheint. Es befindet sich auch nicht links, sondern in deiner Mitte. Es hat tatsächlich etwas von einer Blume. Nimm deren Blütenblätter wahr, empfinde, wie zart sie sind, wenn auch keineswegs schwach, wie sie in deinem Atem mitvibrieren, wie deine Seele die Blüte im Einatmen erfüllt und sich im Ausatmen löst. Geh nun mit deinem ganzen Wesen in diese Bewegung hinein und fühle, wie Licht entsteht, das aus der Quelle deines Herzens pulsiert und strömt, ein Licht voller Wärme und Formkraft. Wenn es in deine Arme strömt, bewegen sie sich nach den Formen deines Willens. Auch dein Oberkörper wird davon bewegt. In diesem Willen ist Leben. Und dieses Leben ist Zeit. Sie quillt aus deinem Herzen.

Wie die Zeit nicht außen ist – das ist sie nur im Verhältnis zum Raum, z. B. auf einer Uhr mit Zifferblatt und Zeigern oder wenn ich eine Strecke durch die Zeit definiere, die ich brauche, um sie zu bewältigen –, so deuten auch die Begriffe, die in der Beschreibung der «Momo-Übung» gebraucht werden, nicht auf etwas Äußerliches. Vielleicht habe ich das Herz beschrieben, wie es eingebettet ist in die Lungenflügel, ich weiß es nicht. Ich habe Begriffe gesucht, die das Gefühl ausdrücken, das mich bewegt, wenn ich in diesen Prozess eintauche. Es sind Bilder, aber solche, die wahr sind als Erleben – Sinn-Bilder.

Dies ist die erste Übung. Sie ist bereits eine kleine Annäherung an die Eurythmie. Ebenso die nächste.

Die «Apfelbaum-Übung»

In unserem Garten wächst ein Apfelbäumchen. Es ist zwar schon alt, aber es ist nur ein bisschen größer als ich. Es trägt die besten Äpfel, die ich kenne, eine Mischung aus süß und sauer, dabei knackig und saftig. Doch sie reifen langsam. Erst im Spätherbst kann man sie pflücken. Wenn ich an dieses Bäumchen denke – an was denke ich eigentlich? Für mich ist unser Apfelbäumchen ein Wesen, mit dem ich sprechen kann. Aber dafür muss ich anders denken.

In dieser Übung geht es nun darum, eben z. B. «Apfelbaum» als Bewegung zu denken und nicht als Information «Apfelbaum», abgehackt, fertig. Letzteres ist die Art, wie wir eigentlich ununterbrochen denken. In dieser Art nehmen wir auch wahr, das heißt: Wir nehmen eigentlich fast nichts (mehr) wahr. Wenn wir den Apfelbaum aber als Bewegung denken, nehmen wir ihn in gewisser Weise zugleich auch wahr. Das Denken wird dann zum Wahrnehmungsorgan für das Wesen des Apfelbaumes. Und in einem solchen Denken *fühlen* wir auch; und so denken können wir überhaupt nur, weil wir *im* Denken selbst denken *wollen*. Es ist also ein Denken, das weder Gefühl noch die innere Richtkraft ausschließt.

Stell also vor dein inneres Auge den Apfelbaum, wie er im späten Winter mit kahlen Ästen und knorriger Rinde dasteht. (Selbstverständlich kannst du auch hinausgehen und dir einen Apfelbaum anschauen, und selbstverständlich kannst du das ebenso mit einer anderen Pflanze machen. Du kannst z. B. auch eine Blumenzwiebel nehmen oder sogar nur ein Samenkorn.) Nun erzeuge in dir das Bild der reifen Frucht, die am Baum hängt. Jetzt mach etwas, was für dein Alltagsdenken einem Denkspagat gleichkommt, und erlebe die Frucht als die Ursache des Baumes.

Versuch, bildhaft zu erleben, wie am Winterbaum die reifen Äpfel unsichtbar bereits an den Zweigen hängen, wie der Himmel darüber blau ist und wie die Sonne wärmt. Und wie nun die Kräfte hinausgezogen werden … Es wird Frühling (doch im Hintergrund ist es schon Herbst), die Knospen gehen auf, und die Blüten öffnen sich im zartesten Rosa. Die Bienen kommen und trinken daraus. Bald treiben die ersten hellgrünen Blättchen, die immer größer und dunkler werden. Die Blütenblätter fallen ab, und kleinste Früchte entstehen, hart und grün. Der Baum wächst in seine Umgebung hinein, in die Wärme, das Licht. Du kannst dir den Baum jetzt gar nicht mehr vorstellen ohne seine Umgebung, ohne die Kräfte des Bodens, ohne das Wasser, das ihn durchströmt, ohne das Licht, das ihn «bezirzt», ohne die Wärme, die ihn «umgarnt» …

Was ist ein Baum? – So einfach ist die Antwort jetzt nicht mehr. Unser «Objektblick» kam über einen Standpunkt gar nicht hinaus. Unser «Bewegungsblick» sieht Entwicklungen und Beziehungen. Ein Baum ist kein Baum ohne die Erde, das Wasser, die Luft und die Sonne.

Diese Übung kannst du mit allem machen. Auch mit deiner Biografie oder dann, wenn du den Blick auf einen anderen Menschen lenkst. Oder auf eine Situation. Du kannst sie auch mit einem Begriff wie z. B. «Arbeit» machen, oder «Schulden». Diese Übung kann zu einer Lebenshaltung werden, zu einer Art des Sehens, zu einer bestimmten – oder eher unbestimmten? – Denkrichtung.

Mir scheint, diese Denkrichtung würde uns helfen, die Probleme zu lösen, die wir durch die Bewegungslosigkeit unserer Denkgewohnheiten nicht mehr bewältigen können.

Nun sind wir der Eurythmie noch ein Stück näher gekommen. Sie hat etwas mit uns selbst zu tun. Sie hat Übungscharakter, und Rudolf Steiner, der die Eurythmie vor hundert Jahren ins Leben brachte, wollte, dass sie uns hilft, beweglicher denken zu lernen, den Blick nicht ausschließlich von außen auf die Welt zu richten, sondern auch von innen. Von innen aber heißt: Du selbst bist ein Teil dessen, was du erlebst und erkennst. Du erlebst keine Bewegung in der Welt, wenn du nicht selbst denkend bewegst, keine Stimmung, wenn sie nicht in dir selbst erklingt, und keine Wesen, wenn du ihnen nicht selbst dein Wesen öffnest.

So entstand dieses Büchlein aus dem Wunsch heraus, eine Eurythmie zu ermöglichen, die jeder Mensch für sich selbst ausüben kann. Zuhause, jeden Tag, für – oder eher: gegen den Alltag.

Dafür braucht es keine Vorkenntnisse. Was man braucht: sich selbst, die eigenen Wahrnehmungen, den Mut, die Bewegungen auszuprobieren, das Suchen nach Stimmigkeit.

Leichte Gymnastikschuhe oder Stoppersocken auf einem rutschigen Boden, Socken auf einem Teppich sind von Vorteil; die Kleidung soll bequem sein. Ebenso sollte man genügend Raum haben, bestenfalls so viel, dass man einige Schritte in jede Richtung machen kann; im Übrigen aber gilt: Je weniger Platz äußerlich zur Verfügung steht, desto größer ist die innere Bewegung – und das macht beweglich!

Auch braucht es ein wenig Zeit; Zeit, zur Ruhe zu kommen, sich eine Weile zu konzentrieren, sich auf die Bewegungen einzulassen.

Um einige Richtwerte anzugeben:

- Man kann, wenn man mit den Übungen bereits vertraut ist, je nach Fokus und Aspekt in 5 Minuten ein bis zwei Übungen durchführen.
- In 10 Minuten kann man eine Übung lernen oder vertiefen, aber auch mehrere nacheinander ergreifen; für die Übungseinheiten, die auf Seite 102 ff. angegeben sind, braucht es je nach Können je 5 bis 15 Minuten.
- Man kann aber auch bedenkenlos eine halbe oder ganze Stunde üben! Dadurch hat man Zeit, länger bei einer Übung zu verweilen, verschiedene Aspekte an sich selbst zu erfahren und einen Prozess zu vertiefen.

Die Wirkung kann in «wenig» Zeit sehr groß sein, wenn es gelungen ist, zur *Wirk*lichkeit hindurchzudringen. Sie kann andererseits klein sein an einem Tag, an dem man zwar viel Zeit aufwendet und es scheinbar doch nicht gelingt, in einen Prozess zu kommen. Zur Beruhigung kann ich nur sagen: Das ist normal, es gelingt nicht immer gleich gut; aber man hat geübt – und auch das hat eine Wirkung. Üben heißt nicht unbedingt können, es heißt viel eher, sich auf etwas zuzubewegen.

Wirklichkeit

Das, was das Wort «Wirklichkeit» bezeugt, beschäftigt mich immer wieder aufs Neue. Deshalb möchte ich an dieser Stelle kurz auf die Wirklichkeit eingehen, der man sich durch die Eurythmie bewusst wird und die einen immer wieder motivieren und inspirieren kann, nochmals anders auf etwas hinzuschauen – so auch auf die vielen Übungen, die in diesem Büchlein beschrieben sind. Diese Wirklichkeit hat mindestens vier Ebenen! Hinter der räumlichen ist die zeitliche, hinter der zeitlichen die Wirklichkeit der Empfindung und hinter dieser die der Intention.

- In der physisch-räumlichen Ebene sehen wir Tatsachen, Gestalten, Formen. In dieser Wirklichkeit schauen wir auf die Dinge drauf. Von außen. Wir sehen aus einem bestimmten Blickwinkel, von einem gewissen Standpunkt aus. Hier ist alles schon geworden.
- In der zeitlichen Ebene erleben wir Prozesse dadurch, dass wir denken. Oder umgekehrt: Dadurch dass wir denken, erleben wir Prozesse. Das, was wird oder schon geworden ist, kann im Denken nach- oder mit-

vollzogen werden. Denken selbst ist Bewegung, Prozess. Würden wir im Denken nicht bewegen, dann könnten wir nur einer Vorstellung Raum geben, jedoch nicht denken.

- In der Ebene der Empfindung erleben wir das, was als Gefühl den Prozess begleitet oder diesen sogar auslöst. Wir erleben die Stimmungen, Qualitäten oder Ausstrahlung, sei es eines Produkts oder eines Gedankens, den einer ausspricht. (Wir kennen das alle: Zwei äußerlich gleiche Dinge oder Angebote, und doch erwecken sie ganz unterschiedliche Gefühle in uns, und erst recht bei verschiedenen Menschen.)
- In der Intentionswirklichkeit fassen wir Entschlüsse, entscheiden uns, wählen die Richtung, erzeugen Räume durch Bewusstsein. Auf dieser Ebene verantworten wir die physischen Tatsachen, die wir selbst geschaffen haben oder schaffen, begegnen in der Welt Ideen. Wir sind in unserem Wesen angesprochen. Wenn wir eine Idee oder ein Wesen wahrnehmen, blicken wir nicht mehr von außen darauf, dann schauen wir die Welt von innen.

Nun sind diese Wirklichkeiten im Alltag völlig ineinander verwoben und uns oftmals unbewusst. (Man mag sich fragen, wie oft man schon mit jemandem gestritten oder total aneinander vorbeigeredet hat, weil man diese Ebenen vermischt hatte …)

Diese Wirklichkeiten sind aber auch teilweise voneinander getrennt – dann etwa, wenn ich weiß, dass ich etwas nicht tun sollte, und es trotzdem tue. Oder wenn ich voller Ideale bin und nichts davon tatsächlich zustande kriege.

Bei den Wirklichkeitsebenen geht es um die Dimensionen, die ineinander wirken.[1] Bekannt sind die drei Dimensionen, die sich vom Punkt zur Geraden, von der Geraden zur Fläche und von der Fläche in den Raum hinein erweitern. Der Mensch entwickelt sich durch sein Aufrichtevermögen und durch seine Bewegungsfähigkeit in diesen Raum hinein. Seine Mitte wird Raumfokus.

Doch was ist die vierte, die fünfte und die sechste Dimension? Betrachtet man es mathematisch, wird der positive Raum nun negativ, das heißt, was materieerfüllt war, wird nun geisterfüllt.

Die erste geisterfüllte Dimension, mathematisch die vierte, wird erlebbar in der Zeit. *Gleichzeitig wirkt ab der vierten Dimension die Ursache aus der Zukunft.* Da die fünfte Dimension sich als Empfindung zeigt, bedeutet dies, dass Zeit ein Zeit*erleben* werden muss, wenn man sie sich zu Bewusstsein bringen möchte. Denn erst im seelischen Erleben ist Zeit eine eigene Realität (sonst lässt sie sich immer nur durch den Raum und seine Vorgänge wahrnehmen).[2] So öffnet sich in der Zeit die Dimension der Empfindung.

Die Empfindung wiederum erhält ihren Fokus durch das Bewusstsein. Geistige Präsenz entsteht im Fühlen, die das Ganze umfasst und zugleich ausrichtet: Die sechste Dimension ist nicht der Punkt, sondern der Umkreis des Punktes. Das heißt, wir erfassen dadurch, dass wir selbsttätig diese Dimensionen in der Eurythmie hervorbringen, die Idee als Wirkendes aus der Zukunft und stellen uns da als ganzer Mensch mit unserem Denken, Fühlen und Wollen hinein. Wir erfassen sie nicht als Vorstellung (Vorstellungen gehören der dritten Dimension an), sondern als Kraft. Die Idee wirkt seit jeher – wie sonst könnten wir ihr entgegengehen?

Durch die Eurythmie bekommen wir langsam einen Zugang zu diesen Wirklichkeiten, lernen sie (er)kennen, unterscheiden, verbinden und bewegen uns in ihnen – seelisch, geistig, physisch. Alle Dimensionen der *einen* Wirklichkeit sind gleichzeitig wirksam, doch ist die letzte Dimension (die Intention) im Grunde genommen geistig die erste: Wir fassen einen

Entschluss (zum Beispiel einen Weg zu gehen). In den meisten Fällen schießt dieser Entschluss unbewusst sofort in die Tat und greift sich Raum, wird Tat-Sache. Innere Freiheit erlangen wir aber erst, wenn wir uns im Erleben die Bewegung erschließen, die zwischen Idee und Raumtatsache wirksam ist. Wenn wir merken: Ich gehe den Weg von der Intention zum Ziel selbst, und ich gestalte ihn auch. Und meine Empfindung ist weder Auslöser noch Nebenwirkung der Bewegung, sondern ein Wahrnehmungsorgan.

Bei der Beschreibung der Übungen werden diese Ebenen immer wieder erwähnt. Dennoch sind die Übungen nicht in vier Stufen beschrieben, weil die Empfindung wie ein Leitstern wirkt, der die Bewegungen zur Idee hinführen kann.

Die Technik der Eurythmie ist die Liebe

Es gibt ein schönes Wort im Deutschen: sich aufrichten. Wenn ich mich aufrichte, ist darin auch das Wort «aufrichtig» enthalten. Der aufrechte Mensch ist der aufrichtige Mensch – aufrecht für aller Menschen Augen, aufrichtig vor sich selbst. Diese Aufrichtigkeit ist die Ausgangsposition aller eurythmischen Übungen. Die Eurythmie wirke gegen die Lügenhaftigkeit, hat Rudolf Steiner gesagt. Wer aufrichtig ist, kann nicht zugleich lügen.

Schon in dieser kleinen Betrachtung wird ein Weiteres klar: In der Eurythmie werden innere Bewegung der Seele und äußere Bewegung des Körpers eins. Die Technik der Eurythmie ist nicht die Muskelspannkraft oder eine besondere Beweglichkeit des Körpers, sondern die Liebe. Aus dieser Technik erwächst das,

Ausgangsstellung bei den Übungen

Wo nicht anders vermerkt, beginnt jede Übung damit, dass du dich aufrecht, aber nicht durchgestreckt, in den Raum stellst; lass die Arme locker zur Seite hängen und versuch, zur Ruhe zu kommen. Die Füße befinden sich nebeneinander, so dass sie sich fast berühren, das Gewicht ruht gleichmäßig auf beiden, und zwar ganz leicht vor der Mitte. Das heißt, die Gestalt ist leicht nach vorne geneigt, jedoch ohne «Knick» in der Aufrechten, so dass der Herzraum sich öffnen kann.

was dann als Bewegungsansatz, Spannung, Lösung, Präsenz und vieles mehr wahrgenommen werden kann, doch *in* der Technik soll die Seele in Liebe tätig sein. Im Volksmund sagt man, Liebe mache blind – das Gegenteil ist der Fall: Liebe macht sehend. Wer liebt, sieht mehr, weil die Liebe die Augen der Seele öffnet. Liebe ist Bewegung hin zu den Dingen und Wesen der Welt ...

Und ist es nicht dieses, was uns reicher und reicher macht? Wenn ich meine Gymnastikübungen morgens durchführe, wird oder bleibt mein Körper beweglicher, geschmeidiger, kräftiger, und natürlich werde ich mich gut fühlen. Wenn ich meinen Tag mit Seelenturnen – wie Rudolf Steiner die Eurythmie auch nannte – beginne, wird meine *Seele* beweglicher, geschmeidiger und kräftiger. Alles, was mir begegnet, wird mich tiefer berühren. Ich werde die Fülle des Lebens spüren, auch meines eigenen. Doch vor allem: Die Seele hat einen Eigenraum – je stärker die eigene, innere Bewegungsfähigkeit, desto weniger wird das Äußere mich mitreißen. Die Hektik des Alltags bleibt vielleicht Hektik des Alltags, aber immer weniger die meine. Ich bin auf dem Weg. Ich werde nicht mehr von einem Punkt zum nächsten gezogen – ich gehe selbst. Ich beginne die Schönheit der Welt zu sehen und ihren Reichtum zu empfinden. Ich denke nicht das eine, tue aber das andere; und das schlechte Gewissen von gestern hat momentan auch keinen Raum. Raum hat es erst dann, wenn ich selbst einen *Gestaltungs*raum schaffe. Auch dann bin ich anwesend: denkend, fühlend, handelnd – jetzt.

Die wichtigste Frage bleibt – und die Eurythmie baut radikal auf ihr auf: Wer ist es, der sich aufrichten kann, der zu lieben fähig ist, der Räume öffnet und gestaltet?

«Sprechen wir vom Ich, vom echten. Versuchen wir es. Was ich das Ich nenne, das ist diese Bewegung, dieser Impuls, der mir erlaubt, mich der vier Elemente zu bedienen, dieser Erde, auf der ich lebe, aber auch meiner Intelligenz und meiner Gemütsbewegungen, sogar meiner Träume. Es ist eigentlich eine Kraft, die mir eine Macht verleiht, wie sie mir keine andere gibt: nämlich die Macht, dass ich, um zu leben, nicht warten muss, bis das äußere Leben zu mir kommt. Das Ego braucht die Dinge, die größtmögliche Zahl der Dinge (ob sie sich Geld, Geltung, Herrschaft, Beifall oder Belohnung nennen). Das Ich fragt nicht danach. Wenn es da ist, wenn es an der Arbeit ist, dann setzt es eine eigene Welt der anderen, dieser Welt der Dinge entgegen.

Das Ich ist der Reichtum inmitten der Armut; es ist das Interesse, wenn alles um uns herum sich langweilt. Es ist die Hoffnung, auch wenn alle objektiven Chancen zu hoffen verschwunden sind. Aus ihm stammt die ganze Erfindungswelt der Menschen. Und schließlich ist es das, was uns übrigbleibt, wenn uns alles andere entzogen ist, wenn uns gar nichts mehr von außen zukommt und unsere Kräfte doch genügend groß sind, um diese Leere zu überwinden.»[3]

Diese Sätze stammen von Jacques Lusseyran, der, blind geworden, auch sagte: «... die Blindheit war dies: nicht mehr zu lieben, traurig zu sein; sie war nicht: die Augen verloren zu haben.»[4]

Sich aufrichten, lieben, sehen – wenn auch nicht mit den Augen –, Zukunft im Jetzt fühlen und erzeugen: alles Substanz einer Welt, die in jedem Moment im Werden ist. Eine Werde-Welt, das ist die Eurythmie, das wird das Leben, eine Welt, die auf das Ich des Menschen baut, auf die Kraft, die selbst das Nichts erleben kann, denn einer ist da und nimmt es wahr – und das bin ich.

Folgende kleine Übung eignet sich dafür, mitten im Alltag zu sich zu kommen; es muss nicht einmal die ganze Übung sein, manchmal reicht schon ein Moment, in dem ich bewusst meinen Kopf in der Lichtsäule fühle und den Hinterraum wahrnehme. Ich kann das am Bahnhof machen, wenn ich auf den Zug warte; in der Stadt, mitten im Gehen, wenn die Masse der Leute mich zu erdrücken droht oder wenn mein kleiner Sohn wieder einmal seinen Trotzanfall bekommt. Der Vorder-raum ist vereinnahmend (durch das Sehen bilden wir oftmals sofort Vorstellungen), der Hinterraum gibt frei (da lauschen wir ins Offene). Der vordere Raum ist definiert, er ist irdisch, materiell, der hintere Raum ist noch nicht bestimmt (du wirst ihn selbst bestimmen auf dem Weg in die vordere Welt), er ist geistig, unsichtbar. Der eine nimmt, der andere gibt mich mir selbst.

Übung: Sich aufrichten

Steh locker da, die Füße geschlossen oder ganz leicht gespreizt, und lass den Kopf und die Schultern/Arme der Schwere folgen, so dass sie vorn herunterhängen. Auch in den Knien lass locker. Das Gewicht ist ganz leicht nach vorne geneigt, das heißt, du spürst deine Fußballen, auch wenn du nicht auf ihnen ruhst.

Nun entzünde in dir eine Lichtkraft, die vom Herzen ausgeht und die sich weitet. (Das ist die wahre Bedeutung von «aufrichtig» sein). Folge dieser Lichtspur, die zugleich nach oben und nach unten geht. Je stärker wir sie in uns erzeugen, desto mächtiger wird ihr Sog sein, der unseren Körper ergreift, so dass wir uns allmählich strecken. Strecken heißt nicht, sich von unten wegziehen, sondern sich nach unten gefühlsmäßig zu kräftigen, zu erwärmen, und sich nach oben zu befreien – bis du zuletzt den Kopf in die Lichtlinie hinein aufrichtest. Jetzt sind das Gefühl und der Körper eins geworden. Der Raum wird unmittelbar frei um dich herum, insbesondere tritt der rückwärtige Raum in das Bewusstsein. Die Schwerkraft ist überwunden: Steh aufrecht, vom Raum gehalten, jedoch ganz leicht vorne auf der «Fußbrücke» ruhend.

Wenn du nun deinen Fokus, dein Bewusstsein – ich könnte auch sagen: Licht – auf den Bereich zwischen den Schulterblättern richtest, kannst du erleben, wie die Arme leichter werden und du sie fast schwerelos seitlich in die Horizontale heben kannst; wie wenn sie vom Umkreis getragen würden. (Sind die Arme jetzt noch schwer, so kann es sein, dass du dein Körpergewicht zu weit nach hinten verlagert hast. Sobald du es ganz leicht nach vorne neigst, ohne die Körpersäule zu «knicken», werden die Arme leicht.)

Das uralte Zeichen der Sonne – Kreis mit Punkt in der Mitte: ⊙ – kann als Qualität aufleuchten. Es wird zum inneren Bild des freien Menschen.[5]

Achte darauf:

- dass das Strecken nicht zum Spannen wird, sondern durch die Muskeln gleichsam noch Licht fließen kann. Bei zu großer Spannung der Muskeln wird der Fluss gehemmt, es ist dann, wie wenn man Steine in ein Bachbett legt und sich das Wasser staut;
- dass das Gleichgewicht nicht statisch und starr wird, sondern ein stetiges und gleichzeitiges Erzeugen, Finden und Wahrnehmen des Lichtes bleibt.

Es ist nicht außen – ich bin es selbst

«Jedes Ding in der Welt ist ein Stück von uns; es gibt nichts, was sich nicht durch den Menschen ausdrücken lässt.»[6]

Rudolf Steiner

In der nächsten Übung geht es darum, innerlich die Bewegung vom Geschöpf zum Schöpfer zu vollziehen. Als Seelengymnastik, als Meditation, als Bewusstwerdung des Menschseins. Denn der Mensch ist aus dem Göttlichen der Welt geboren, und eine Welt wird aus dem Menschen neu erstehen. Eine Welt, in der es Freiheit gibt.

Dass der Mensch zur Freiheit bestimmt ist, wird an seiner Fähigkeit zur aufrechten Haltung sichtbar. Dies ist wie ein Bild, gewissermaßen in der Sprache der Natur, für den Begriff «Freiheit». Zugleich ist es die Bild-Sprache für die Ich-Begabung des Menschen. Wenn man «ich» zu sich sagt und dies durch Körpersprache begleitet, streckt man sich unwillkürlich – niemand würde sich dabei beugen! Man betont also seine Aufrichtefähigkeit und -kraft.

Umgekehrt kann man diese Kraft auch in der Sprache selbst wahrnehmen lernen. Im «I» streckt sich der Mensch, er lichtet sich, er fühlt seine Aufrichtekraft von innen und empfindet «ich». In vielen Sprachen ist in dem Wort «ich» tatsächlich ein I vorhanden.

Jeder Vokal und jeder Konsonant hat etwas mit den Bildekräften im Menschen und in der Welt zu tun. Sowohl die Natur als auch der Mensch sind Bilder von Wirkungen. Die Sprache macht diese Wirkungen hörbar. Im Hineinlauschen lernen wir die Prozesse erfassen, die in der *Wirk*lichkeit *wirken*. Sprache ist unendlich viel mehr als bloße Information! Sie ist Kraft. Sie wirkt. Deshalb auch wird die Eurythmie «sichtbare Sprache» genannt. Und deshalb heißt die folgende hier beschriebene Übung I A O.

In dieser Übung beginnt man auf die Kraft des I, auf die Kraft des A und auf die Kraft des O zu lauschen. In diesem Dreiklang erscheint der freie Mensch zwischen Vergangenheit und Zukunft, zwischen Ursprung und Ziel, zwischen Alpha und Omega, zwischen Gewordenem und Werdendem.

Übung: I A O*

Die Gestalt, die Füße und das Gefühl

I

Von der Ausgangsstellung der lockeren Aufrechten such als Erstes den Ballenpunkt der Füße, die Stelle, wo die Fußballen aufliegen. Finde das freie Gleichgewicht über diesem Punkt, verbinde ihn innerlich, ohne dass du den Kopf neigst, mit deinem Stirnpunkt und erlebe dich in dieser Haltung als Säule. Dabei ist es wichtig, dieses Gleichgewicht *zu empfinden,* äußerlich wie innerlich. Ruhe völlig in dir und zugleich in der ganzen Welt.

Versuch nun, in dir eine Stimmung von leiser Freude oder Glück zu erzeugen: Ich bin ganz bei mir, aber mein Herz wird lebendig vor Freude – auch das ist Streckung, Sich-Aufrichten ins Licht, nun aber innerlich. Durchfühle diese Kraft. Streck dich sowohl nach oben wie nach unten, immer das Gleichgewicht erzeugend und bewahrend. Achte darauf, ganz bei dir zu bleiben, dich nicht durch die Bewegung zu verlieren,

* Dies ist die erste Laut-Übung, die Rudolf Steiner in der Form, in der nur die Gestalt bewegt und keine Figur geschritten wird, für die Eurythmie gegeben hat.

sondern mehr das Gefühl zu haben, dass die Kraft im Herzen so groß wird, dass dadurch die Gestalt lichter wird. Um aber lichter zu werden, musst du zugleich tiefer werden, musst du dem Licht ein Gefäß geben durch die Kraft der Gestalt.

Das I ist Ausdruck von Licht und Präsenz des eigenen Wesens.

A

Ein anderes Gefühl wird entstehen, wenn du in den Raum hinter dir hineinlauschst. Verlagere dabei das Gewicht auf den Füßen vom Ballen- zum Fersenpunkt hin, ohne die Aufrechte, die Säule, zu verlieren: Dadurch wird sich *die ganze Gestalt* leicht nach hinten verlagern.

Diese Bewegung der bloßen Gewichtsverlagerung kannst du einige Male wiederholen, richte dabei die Aufmerksamkeit vom physischen Vorgang immer mehr auf den seelischen. So wirst du immer deutlicher erleben können, wie die Kraft, die dir im I sozusagen frei zur Verfügung stand, nun leibgebunden wird. Sie zieht einwärts, verdichtet sich nach unten: Im I war der Himmel gleichsam *in* dir – nun öffnet sich der Himmel *über* dir.

Von oben, wie von weit her, strömt Licht herein. Ich empfange es durch meine offene Haltung im Raum, meine Gestalt wird von diesem Licht gleichsam wie gebildet, geformt.

Dieses Gefühl ist die Innenseite des A: der sich selbst empfangende Mensch.

O

Als Letztes verlagere das Gewicht auf die Zehen (ohne dich auf die Zehen zu stellen). Würde man das Lot vom Stirnpunkt fällen, läge es nun *vor* dem Ballen. Immer noch stehst du aufrecht, so dass kein «Knick» in der Gestalt entsteht. Wie nimmst du die Welt jetzt wahr? Wie ist dein Verhältnis zum Umkreis?

Du kannst die Verlagerung sozusagen physisch veranlassen, oder du kannst sie seelisch bewirken, indem du in dir das Gefühl erzeugst, dass du gerufen wirst und dich etwas hinauszieht, dass du aber auch selbst hinaus*willst* und dir dazu einen inneren Impuls gibst.

Achtest du so auf den seelischen Vorgang beim Verlagern des Gewichts, dann kannst du erleben, wie ein Kräftestrom über dich selbst hinausgeht. Bewahr dich jedoch darin; ströme nicht einfach weg, kipp nicht nach vorn und stell dich nicht auf die Zehen, sondern forme diesen Strom mit der Kraft deiner Persönlichkeit.

Das Herz ist voller Wärme, und das Gefühl der Präsenz strömt hinaus und füllt den Raum, der durch dieses Gefühl entsteht – das ist das Wesen des O.

Löse schließlich die Kraftanspannung in der Gestalt, so dass du locker dastehst und die Übung nachklingen kann.

I A O mit Armbewegung

Der Aufbau der Übung ist gleich wie oben beschrieben. Achte auch hier auf die Aufrechte, auf die Verlagerung des Fußpunktes (Mitte – hinten – vorn), auf die Kräfteverhältnisse von physischer Gestalt und Lebenskräften (im Gleichgewicht – gebunden – frei) und auf das erzeugende oder auch darauf antwortende Gefühl. Je besser du die Übung kennst und je geübter du bist, desto stärker kann das Gefühl erzeugt werden und desto mehr wird die äußere Bewegung Ausdruck eines inneren Geschehens.

Gerade dies ist wichtig, wenn du nun die Arme hinzunimmst. Sie sind Ausdruck des inneren Prozesses, ähnlich wie wenn man das Sprechen durch Gebärden begleitet. In der Eurythmie wird die Gebärde künstlerisch gesteigert.

I

Beim I wird die Kraft der liebevollen Präsenz und des lichtvollen Gleichgewichts so groß, dass deine Arme vom Strom nach oben wie nach unten «hineingezogen» werden, bis du mit einem nach oben und einem nach unten gestreckten Arm dastehst (welcher Arm oben, welcher unten ist, spielt dabei keine Rolle), beide aber in Verbindung zueinander erlebt werden. Auch die Hände bringen dieses Gefühl zum Ausdruck: Die obere strahlt durch die Handfläche Licht aus und ist gestreckt, die untere bildet eine kleine Schale und gibt (Gegen-)Gewicht. Dabei können sich auch die Beine in einem leichten Schritt nach vorn ein wenig öffnen, so dass das Gleichgewicht nach unten besser abgestützt wird.

Achte darauf, dass die Gebärde immer mit deiner Mitte korrespondiert und der Strom, der die Gebärde bildet, immer von da gespeist wird. Dein Wesen ist nicht durch die Gebärde begrenzt – die Gebärde ist der Ausdruck deines Wesens, wenn es sich mit dem Licht der Welt von innen verbindet.

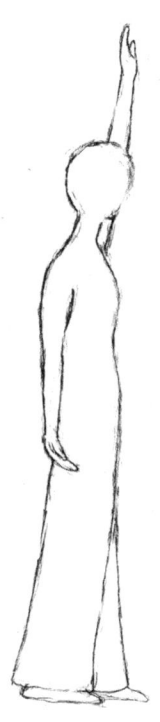

1 I

A

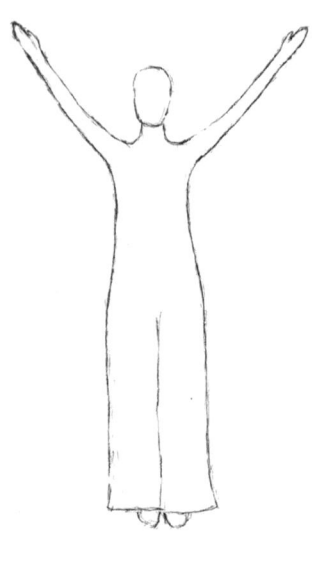

2 A

Indem du das A bildest, fühle, wie von oben, von weit her Licht hereinströmt – und geh diesem Licht mit offen gestreckten, kräftigen Händen und den sich öffnenden Armen entgegen. Bilde mit deinen Armen einen Winkel und erlebe diesen Winkel, wenn du die Arme in der Verlängerung deiner Gestalt nach oben führst. Achte darauf, dass du das Gewicht auf den Fersen nicht verlierst. Der Oberkörper neigt sich dabei unwillkürlich leicht nach hinten, wobei diese Neigung minimal sein kann. Je mehr du dabei die Arme in Streckung bringst, desto stärker kannst du dich mit etwas Höherem in Verbindung fühlen, das, indem du ihm entgegengehst, zugleich zu dir herunterfließt.

Du kannst die geöffneten Arme dann auch senken (wobei sie aber gestreckt bleiben) oder, als Variante, sie schon von Anfang an in einem nicht zu engen und nicht zu weiten Winkel nach unten führen, so dass du das Gefühl hast, das Licht von oben fließe durch deine Gestalt hindurch und ströme in die Erde hinein.

Achte darauf, dass du Kopf und Nacken nicht nach vorne einziehst, wenn du dich nach hinten neigst, sondern sie frei in der Säule hältst. Lausche durch die Hinterseite deines Kopfs hindurch in die Vergangenheit der Menschheit hinein.

O

Beim O schließlich lenkst du den Strom mit deiner Wesenskraft in die Welt. Die Arme greifen vom Herzen her, einem warmen Strom folgend, wie umarmend hinaus in den Raum vor dir und bilden eine geschlossene, runde O-Form, sie «formen» sich hinaus. Dabei bewahrst du die eigene Persönlichkeit in der Hingabe an die Welt.

Die runde O-Gebärde kann über dem Kopf, horizontal in der Mitte vor dir oder nach unten geformt werden – ein inneres Bild mag die Richtung vorgeben. (Wortbeispiele wie Sonne, Tod, Gold, Morgen etc. können helfen, eine innere Anschauung dieser O-Gebärde zu entwickeln.)

Zusätzliche Aspekte:

3 O

- Achte auf die Übergänge von dem einen Laut in den andern. Gestalte sie aktiv aus dir selbst heraus.
- Achte darauf, wie ein Gegenraum zur physischen Bewegung entsteht: Verlagerst du das Gewicht nach hinten, wird der vordere Raum größer, *er ist noch offen* für deine Taten; verlagerst du das Gewicht nach vorn, wird der Raum hinter dir größer, *er gibt dir Kraft* für deine Taten.
- Fühle im O die Kraft, durch die du alles selber wirst, durch die du zu allem in der Welt sagen kannst: «Das bin ich. Ich bin das Gold und ich bin der Morgen.» Du wirst das, was du aus*sprichst*.

Zusammengefasst kannst du sagen: Im I fühle ich die Präsenz des Jetzt, der Gegenwart: Ich bin frei. Was gewesen ist im A, das ist nun in mir als Erfahrung und bildet aus dem Blickwinkel der Zukunft ein Fundament. Dabei geht es nicht um Schuld oder Verhängnis, sondern um Entwicklungsmöglichkeiten. Diese ergreife ich aus der Quelle des Herzens im O. Ich schaffe mir meine Wirklichkeit selbst. Ich schaffe eine Wirklichkeit, die ich *wollen* kann. Ich bringe die Zukunft durch mich selbst in die Welt.

«Es ist nicht außen – ich bin es selbst»: Dieser Satz kann nur von einem Menschen ausgesprochen werden, der die Welt nicht außerhalb seiner selbst erlebt, sondern *sich selbst* als Welt erkennt und die Welt durch seine Persönlichkeit mitgestaltet. Mitgestalten ist vergleichbar mit Mitarbeiten – ein Mitarbeiter ist mehr als ein Angestellter. Der Mensch, der mitarbeitet, ist geistig frei; was er tut, das will er. Für die Biografie heißt das: Er gibt sich von innen; alles, was (scheinbar von außen) auf ihn zukommt, ist zutiefst mit ihm verbunden, gehört wesenhaft zu ihm. Außen und innen bilden eine Einheit in seinem Ich. Schicksalsschläge werden ihm zu Lebenschancen, Schuld wird ihm zur Entwicklungsfähigkeit, Erkenntnis zur Wachstumsbedingung, seine Persönlichkeit zur Ressource.

Jeder Mensch trägt eine Krone

Der Satz «Jeder Mensch trägt eine Krone» aus der Werbung für ein Grundeinkommen bringt treffend ins Bild, was der Mensch, wenn er eurythmisiert, als innere Grundhaltung erleben kann. Jede und jeder trägt eine Krone und regiert das Land, das sie oder er selber ist. Eurythmie schenkt mir Frieden mit mir selbst, weil ich meinen Körper durch meine Seele leite und meine Seele durch meinen Geist – und nicht umgekehrt! Weil ich mich von innen führen lerne und mich als Zentrum *meines* Lebens erleben kann. Ich bin mit meiner Aufmerksamkeit bei dem, was ich tue – denkend, fühlend, handelnd. Ich bin Königin, König meines Daseins.

In der folgenden Übung geht es um das Gleichgewicht in der Bewegung, im Gehen. Die Übung wirkt harmonisierend, ausgleichend und befriedend. Im Gehen wird die Mitte frei; das Herz öffnet sich. Nichts zieht einen weg, weder das, was vor einem, noch das, was hinter einem liegt. Die Mitte ist der Ort, an dem jeder sich selbst bestimmen kann, von wo aus man handlungsfähig ist und wo Raum entstehen kann, Raum, der es mir möglich macht, aus dem Innern heraus zu sprechen, zu singen (statt von außen «angeschlagen» zu werden wie ein Gong).

Übung: Dreiteiliges Schreiten

Mach einen kleinen Schritt nach vorn und stell dich in dieser Stellung aufrecht hin, das Gewicht auf beide Füße verteilt, die fest auf dem Boden stehen. Der Blick ist geradeaus gerichtet.

Empfinde dich nun auf einem Weg, der nach vorn führt, und entschließ dich innerlich dazu, diesen Weg zu gehen.

Der hintere Fuß löst sich mit der Ferse vom Boden, das Gewicht verlagert sich auf den vorderen.

- Erlebe, was bei diesem Lösen des Fußes vom Boden in der Seele passiert! Äußerlich geschieht fast nichts, innerlich geht eine neue Welt auf! Der vordere Raum schiebt sich in gewisser Weise in dich hinein, du wirst eins mit dem, was in der Zukunft schon anwesend ist.
- Du kannst auch erleben, wie du völlig in Übereinstimmung mit dir selber kommst, und fühlen: Jetzt bin ich frei – ich kann den hinteren Fuß nun hinstellen, wo ich will, der Weg ist in diesem Moment offen und gestaltbar, *ich* gehe ihn und schaffe ihn zugleich, indem ich ihn gehe. – In dieser Phase des Schrittes bist du am aufrechtesten.

Nun trägst du, immer noch im Erleben des Weges, deinen ganz vom Boden gelösten hinteren Fuß nach vorn und spürst in der gehobenen Ferse, wie sie von einem durch den Entschluss entbundenen Strom getragen ist. Dieser kommt aus der Erde, bildet einen Bogen über den Boden und wird mit dem Aufsetzen des Fußes wieder in die Erde zurücksinken (um im andern Fuß sich abermals zu erheben).

Setz den Fuß auf und verbinde dich so neu mit der Erde. Die Berührung des Bodens geschieht nun mit den Zehen zuerst, ihnen folgend senkt sich der Fuß hinunter. Versuch, den Boden im tastenden Setzen wahrzunehmen, und verteil dann das Gewicht wieder auf beide Füße.

Erneut lässt sich in der Seele eine ganz andere Stimmung erleben. Man verbindet sich nun vertrauensvoll mit der Erde, der Entschluss manifestiert sich in der Welt durch die Tat. Die vollkommene Übereinstimmung mit dir selbst löst sich wieder: Ich bin hindurchgegangen, der Strom aus der Zukunft ebbt nach hinten ab.

Du kannst für je einen Schritt eine Zeile aus einem Spruch[7] von Rudolf Steiner innerlich sprechen. In diesen Worten lebt die Grundbewegung eines Schrittes:

> Ich fühle mein Schicksal – mein Schicksal findet mich
> Ich fühle meinen Stern – mein Stern findet mich
> Ich fühle meine Ziele – meine Ziele finden mich

Fließendes Schreiten

Das fließende dreiteilige Schreiten basiert auf diesem bewussten Schritt, doch gehen hier die Schritte fortlaufend ineinander über. Im Aufsetzen des einen Fußes wird der andere schon gehoben, so dass sich der Strom aus der Vergangenheit, der mich trägt, und der Strom aus der Zukunft begegnen, in dem ich mir selber, aus meinem Entschluss heraus, entgegenkomme (einem Entschluss, dessen Ursache in der Zukunft liegt!). Das Schreiten wird zum Fluss, auf dem ich «schwimme».

Selbstverständlich ist dieses Schreiten nicht auf ein Nach-vorn-Schreiten beschränkt, sondern in jede Richtung möglich.

Möglichkeiten des Übens:

- Abwechslung oder Verdoppelung der Tempi. Man geht z. B. 4 langsame Schritte, dann in der gleichen Zeiteinheit 8 schnellere und wiederum in der gleichen Zeiteinheit 16 noch schnellere Schrittchen (je schneller, desto kleiner wird der einzelne Schritt);
- darauf unmittelbar wieder in die 4 Schritte zurückfinden. Dadurch entsteht ein inneres Maß für Einheit und zugleich ein musikalisches Empfinden.

Variation mit Armbewegung

Wenn man den Strom durch die Füße erleben kann, möchte man auch mit den Armen in eine Bewegung kommen. Als einfachste Variante bietet sich ebenfalls eine dreiteilige Bewegung an, wobei du frei bist in der Kombination von Arm- und Fußbewegung.

Du kannst z. B.

- *einen Schritt* mit seinen drei Phasen auf *eine Phase der Armbewegung* nehmen;
- die drei Phasen *eines Schritts* mit den *drei Phasen der Armbewegung* koordinieren;
- *drei* oder sogar noch mehr *Schritte* zu *einer Phase der Armbewegung* machen;
- etc.

Die dreiteilige Armbewegung basiert auf den Kreisen der drei Raumesrichtungen (siehe Abb. 4). Versuch nun, diese drei Raumebenen als durch dich hindurchgehend zu erleben, so dass sie ihren gemeinsamen Kreuzungspunkt da haben, wo jeder Mensch hinzeigt, wenn er «ich» zu sich sagt.

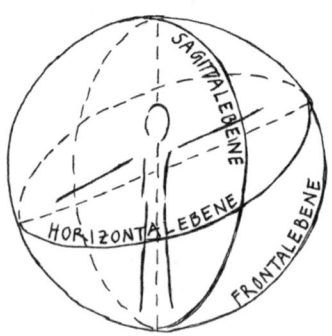

4 Der Mensch in den drei Raumebenen

Lass die Arme locker hängen und beginn in der Sagittalebene, indem du die Arme nach vorn bis in die Horizontale hebst; dadurch beschreibst du einen Viertelkreis.

Wenn du auf die horizontale Ebene triffst, änderst du die Richtung und öffnest die Arme, indem du sie in dieser Horizontalen seitlich ausbreitest.

Triffst du dann auf die Ebene, die vorn von hinten trennt, die sogenannte Frontalebene, dann führst du die Arme seitwärts nach oben wieder zusammen.

Das sind drei Phasen in je einer Ebene.

Nun kannst du von oben her neu beginnen, nun aber in der Gegenrichtung, von oben nach unten (Viertelkreis der Arme nach vorn bis in die Horizontale, dann seitwärts ausbreiten und schließlich beidseits nach unten in die Ausgangsstellung führen).

Achte

- auf den ganzen Kreis, auch wenn du jeweils nur ein Viertel davon sichtbar machst;
- auf die Richtungsänderungen; sie sollen genau sein und nicht «verwaschen»; ergreif sie aktiv – dies gibt innere Haltekraft, die sich selber führen kann;
- auf den *Prozess* statt auf das Ziel der Bewegung, das bedeutet auch, dass du den gesamten Weg der Arme so einteilst, dass er gleichmäßig in der Zeit verläuft, die dir «von unten», von den Füßen her, zur Verfügung steht – dies gibt dir Souveränität, denn du kannst es nicht denken, du kannst es nur tun;
- auf den Abstand zwischen dem Anfangspunkt und dem Endpunkt einer Bewegungsrichtung; der Abstand zum Anfangspunkt wird weiter, derjenige zum Endpunkt wird kleiner – dies gibt innere Weite, Überblick.

Möglichkeiten des Übens:

- Halte die Hände in verschiedenen Durchgängen in unterschiedlicher Art gewendet; dabei kannst du wahrnehmen, inwiefern sie ein Wahrnehmungsorgan für den Raum sind und wie sich dadurch dein Verhältnis zu diesem ändert:

  wende die Hände in der Sagittalebene *nach unten oder oben,*

  wende sie in der Horizontalebene *zueinander, auseinander, nach unten oder nach oben,*

  wende sie in der Frontalebene *nach oben, nach unten oder nach vorn;*
- stehend die Armbewegung im «Kanon», d. h. du beginnst z. B. mit dem rechten Arm den Weg von unten in der Sagittalebene, setzt mit dem linken Arm ein, wenn der rechte den zweiten Weg in der Horizontalen beginnt;
- gehend die Arme im «Kanon» bewegen.

Erleben wir noch, was wir leben?

Wenn man die steigenden Scheidungsraten, die allabendliche Vereinsamung von Millionen von Menschen vor dem Bildschirm, die Sehnsucht nach immer krasseren Erfahrungen in der Sportwelt oder die Anonymität einer Stadt betrachtet, wo der Lärmpegel von «hier ist was los» die dahinter liegende Leere überdeckt, wird spätestens dann klar, dass – bewusst oder unbewusst – für viele Menschen heute eine entscheidende Frage ist, ob wir noch erleben, was wir leben.

Wieder werden wir bis zu dem Punkt geführt, an dem sich die Frage stellt: Wer kann Zusammenhänge schaffen? Wer Bezüge – Beziehungen – bilden? Wer Zeit gestalten, gar erzeugen? Wer, wenn nicht ich selbst – ich mit meinen Interessen, meiner Kreativität, mit meinem Denken, meinem Fühlen und Wollen?

Wir werden heute überall vor die Ich-Frage gestellt. Auch ob wir erleben, was wir leben, ist eine Ich-Frage, weshalb die erste der folgenden Übungen auch «Ich bin der Weg» heißt. Damit ist jedoch nicht das Gleiche gemeint wie mit «der Weg ist das Ziel», und es heißt auch nicht «ICH bin der Weg FÜR ALLE».

Viel eher könnte man es etwa umschreiben mit: «Ich selbst bin mein Weg, bin mein eigenes Schicksal, denn durch mich bringe ich meine Wirklichkeit, mein Erleben, selbst in die Welt.» Das, was wir tun, sei es denkend, fühlend, handelnd, wird Wirklichkeit – weil, wie Joseph Beuys bekanntlich sagte, jeder Mensch ein Künstler ist, ein seiner Bestimmung nach schöpferisches Wesen, ein Wesen, das Wirklichkeit schafft.

Im Gegensatz zur Übung «Dreiteiliges Schreiten» liegt in der ersten Übung der Fokus mehr auf der Form – wie wird eine Form Prozess? Wie kann man die Form als starre äußere Gestalt in eine Kraftform umwandeln?

Die anderen Übungen sind solche, in denen aktiv Gefühle erzeugt werden sollen. Gefühle äußern sich in einer Gebärde, die bildhaft ist. – Werde Bild *in* der Gebärde, erleb dieses Bild, erzeug es selbst, verstärk es durch aktive innere Tätigkeit und schließlich: Nimm die Kraft in dich auf, in die du eingetreten bist. Denn deine innere Bewegung ist ein Tor ...

Übung: Ich bin der Weg

Stell dich zunächst bewusst in die drei Dimensionen des äußeren Raums. Richte dich auf und empfinde dich in der Aufrechten zwischen oben und unten. Nimm dann eine vordere und eine hintere Welt wahr und schließlich die Tatsache, dass du auch zwischen links und rechts in einer Mitte stehst.

Raum erlebe ich, weil ich selbst durch meine Gestalt in diesen Raum hineingestellt bin, weil das gleiche Prinzip in mir wirkt wie in dem, was ich sinnlich um mich herum wahrnehme.[8]

Raumbewusstsein

Die Übung beginnt damit, dass du mit diesem zuvor aufgebauten Raumbewusstsein die folgende Form gehst: drei Schritte vor, drei Schritte zurück*. Der Ankerpunkt des Raumes ist in dir selbst.

* Bei dieser Form, in der ein Weg hin und zurück als *eins* erlebt wird, hat man es mit einer Ich-Form zu tun, wenn man sie für sich allein geht; dagegen mit einer Wir-Form, wenn man sie zu mehreren im Kreis macht und dabei auch die Gemeinschaft erlebt.

Es entsteht ein Gefühl, durch das du wahrnehmen kannst: Ich bin der Raum. Da, wo ich gehe, erzeuge ich ihn, entsteht er durch mich. – Man könnte auch sagen: Ich führe mich, ich werde nicht durch äußere Notwendigkeiten von einem Punkt zu einem anderen hingezogen.

Die wichtigste Kraft dabei ist die Aufrichtekraft. Sie ist wie ein Lot. Durch sie entsteht erst ein räumliches Verhältnis in und zu der Welt. Sie richtet sich aus (ein) inmitten des Raums. Um diese Aufrichtekraft zu bewahren, kann es hilfreich sein, das Gefühl in den Rücken zu lenken und diesen und den Raum dahinter wahrzunehmen.

Wegbewusstsein und Doppelstrom

Um zu einem Wegbewusstsein zu kommen, geh nicht mehr von Punkt A zu Punkt B, sondern lass A und B zu Bewusstseinsfokussen werden, zu Orten, an welchen sich der Prozess ändert, weil *du* ihn änderst. – Nur im Raumbewusstsein sind A und B physisch-materielle Punkte, im Weg- oder Prozessbewusstsein unterliegen sie deiner Gestaltungsmacht.

So kannst du jetzt dich selbst in den Raum hinein «loslassen»; bilde und umspann A und B mit dem Bewusstsein und halte dich in diesem Ganzen, wo auch immer du dich auf dem Weg

Raum- und Prozessbewusstsein

Raum- und Prozessbewusstsein sind zwei grundsätzlich verschiedene Betrachtungs-, aber auch Erlebensweisen in der Welt. Im gewöhnlichen Leben nehmen wir, wenn wir uns im Raumbewusstsein einrichten, Gegebenheiten als unveränderliche Fixpunkte wahr. Meistens handelt es sich nur um Gewohnheiten, Vorstellungen oder um Strukturen, die gewissen Interessen dienen.

Sobald man sich aber ein Prozessbewusstsein aneignet, werden Dinge veränderbar und wandeln sich, weil sie in einer Entwicklung erlebt werden können, in deren Mitte der Mensch gestaltend steht. Erst der Prozess bildet den Raum, die Tatsachen und diese wiederum verändern den Prozess. Prozesse aber haben ihren Ursprung im Geistigen, und nur der Mensch, der sich als geistiges Wesen versteht, d. h. als freies Schöpferwesen darin, findet die Zeitdimension, in der sich Prozesse bewegen. Freiheit kommt ihm aus der Zukunft entgegen; unfrei ist der Mensch nur im Strom der Vergangenheit.

befindest. Es ist ein bisschen wie mit dem Eigelb, das vom Eiweiß gehalten wird. Das Zentrum wird nun vom Umraum her definiert. Diese Umstülpung (sich bewusst in den Raum stellen – aus dem Raum heraus «zentriert» werden) kannst du einige Male im Stehen vollziehen, bis sich ein Gefühl dafür bildet, was das heißt. Daraus entsteht eine – zunächst innere – Bewegung. – Empfindest du sie stark genug, gib ihr nach und werde zum Weg.

Kannst du den Unterschied wahrnehmen zwischen dem ersten und dem zweiten Übungsteil, zwischen dem Raumbewusstsein und dem Wegbewusstsein? – Mit dem ersten Teil der Übung geht immer eine Vereinzelung einher, jeder Schritt muss neu gegriffen, jede Richtungsänderung fortlaufend im Jetzt entschieden werden.

5 Wegbewusstsein
   mit Gegenstrom

Wenn du dich zum Erleben des zweiten Teils, des Wegbewusstseins, erheben kannst, fließen dir Lebenskräfte zu. Du bist dann in etwas Größerem gehalten, dieses Größere ist jedoch nicht irgendetwas Mystisches, sondern das eigene erweiterte Bewusstsein, mit dem du dich vom Umkreis her hältst. Die Aktivität, die du dafür aufwendest, ist das, was du als Bewegung erlebst und in die du dann auch physisch «hineintrittst».

Richte nun deine Aufmerksamkeit auf den Weg als solchen. – Es kann eine Hilfe sein, wenn du dir selber sagst: «Ich bin der Weg.»

Was tust du innerlich dabei? Du musst mit deinem Bewusstsein vorausgreifen, immer schon weiter sein, fortwährend Aktivität in dir erzeugend … Tust du dies nicht, so schaltest du dich quasi selber aus und fällst sofort in die Vereinzelung (zurück). Im Weg-Sein bist du immer in einer Ganzheit drinnen! Du tauchst in den Prozess selber ein und erlebst dich *in* der Zeit.

Ziel und Ursprung sind im Weg enthalten, sie erscheinen durch ihn.

Auf die Form des Hin- und Zurückgehens angewandt heißt das «technisch», dass du dich darauf konzentrierst, wie der Abstand zwischen Punkt A und Punkt B zu B hin kleiner wird – zu A hin aber größer! Im Nach-vorn-Gehen kommt dir der Rückweg gleichsam schon entgegen; und wenn du rückwärts schreitest, versuch zu fühlen, wie der Weg nach vorn gewissermaßen durch dich hindurchgeht. Nimm nun dies gleichzeitig wahr, vertiefe das Prozesserleben – du stehst und bewegst dich mittendrin.[9] So beginnst du, den Doppelstrom der Zeit zu erleben.

Die Übung lässt sich durch folgenden Aufbau vereinfachen:

Der Doppelstrom der Zeit

Der Doppelstrom der Zeit ist ein Phänomen, das wir eigentlich aus dem Alltag kennen, das uns jedoch vielfach nicht bewusst ist. Woher wir kommen und was aus uns werden soll aus einer bestimmten Konstellation heraus: Darin zeigt sich der Zeitstrom aus der Vergangenheit. In Idealen, die zur Sehnsucht und zu innerem Streben werden, tritt der ihm entgegengesetzte Zeitstrom in Erscheinung, der aus der Zukunft stammt. Er ist nirgends in der äußeren Welt, einzig im Innern des Menschen zu finden. Denn der Mensch trägt die Zukunft dadurch in sich, dass er sie selbst zu erschaffen vermag. Die Vergangenheit ist bestimmt, die Zukunft ist die Bestimmung, die fortwährend in der Gegenwart wirkt.[10] Der Mensch, der geht, ist das Bild dieser Gegenwart im Doppelstrom der Zeit.

- Drei Schritte vor, drei Schritte zurück;
- Bewusstseinsfokus auf den vorderen Punkt;
- Bewusstseinsfokus auf den hinteren Punkt;
- Bewusstseinsfokus auf beide Punkte zugleich.

Wann fühlst du dich größer, wann kleiner? Hat die Nähe des Punktes, auf den dein Bewusstsein gerichtet ist, einen Einfluss auf dieses Gefühl?

Zusätzliche Aspekte, auf die du achten kannst, *allesamt Tatsachen unserer eignen Haltung:*

- Wie verändert sich die Qualität im Raum – oder, wenn man zu mehreren ist, in der Gruppe untereinander?
- Wie fühlst du dich, wenn du ein Raum-, und wie, wenn du ein Zeitbewusstsein hast?
- Wie ist der Atem (auch der «Raum-Atem»)?
- Wirst du ruhig, gelassen?
- Wird es still im Raum? – Wie klingt Aufmerksamkeit?
- Wie nimmst du Zeit wahr? Wie verändert sie sich?
- Wie erlebst du dich selbst, und welche Auswirkung hat das auf die Umgebung?
- Wie ist die Begegnung mit der Welt um dich herum? – Ist sie eher konfrontierend, Einklang bildend oder von einem übergeordneten Bewusstsein getragen?

Formen mit Gegenstrom

Statt bloß eine Gerade zwischen zwei Punkten zu gehen, kannst du die Übung steigern und unterschiedliche Formen schreiten. Zunächst ist es vielleicht sinnvoll, die «technische Seite» davon zu üben – z. B: Wie gehe ich einen Kreis?* Wie eine Spirale?

Formelemente können sein: ein Bogen, ein Kreis, eine Lemniskate (∞-förmige Schleife), eine Spirale einwärts oder auswärts sowie mehrere Geraden in einem Verhältnis zueinander: Dreieck, Viereck, etc.

* Siehe dazu die Übung «Kreuzform mit Kreis» im Kapitel «Die Ganzheit in der Polarität», S. 94.

Wenn du die Form technisch beherrschst, geh über in den Prozess. Erfass die Form von innen als Ganzheit und bewege dich aus dieser Ganzheit – aus der Ganzheit entsteht ein Fluss. In diesem Fluss wird sich bei gewissen Formen eine Dynamik entwickeln, denn die Form ist Ausdruck eines bestimmten Bewusstseins, das lebendig in sie hineinwirkt. Die Form selbst kann erst dann ihr Wesen zeigen und zu sprechen beginnen, wenn ein Mensch mit seiner Bewusstseinskraft in sie hinein geht und sie als Kraftform zu erleben beginnt – wie in der folgenden Übung.

Beispiel für Gegenstrom: Einspiralung – Ausspiralung

Als Beispiel für das Erleben des Gegenstroms nehmen wir die Spiralform, die sowohl nach innen – Einspiralung – wie nach außen – Ausspiralung – gegangen werden kann.

In der Einspiralung kommt dir in jedem Abschnitt des Weges der Gegenstrom vom Zentrum her entgegen: Du erzeugst ununterbrochen die Spannung zwischen innen und außen. Das heißt, dass das Zentrum der Form von Anfang an in deinem eigenen Zentrum als Gefühl ins Bewusstsein tritt. Deine Intention *bildet* dieses Zentrum, sonst könntest du die Form gar nicht anfangen, denn mit dem Ziel entsteht erst der Ursprung und damit die Richtung des Weges! (Das gilt umgekehrt auch: Mit dem Ursprung entsteht das Ziel, denn geistig betrachtet stülpt sich der Punkt zum *Umkreis* um, er umfasst das Ganze.)

Näherst du dich dem Zentrum, wird der Umkreis größer und größer, weil das Gefühl des Zentrums, das du zu Beginn in dir erzeugt hast, immer identischer wird mit dem Raum und damit

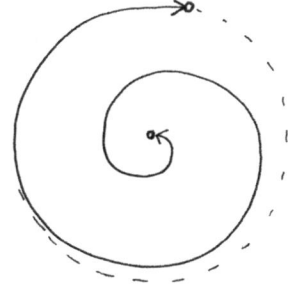

6 Spiralformen

Bewusstseinskräfte frei werden für den Umraum. In entsprechender Weise wird bei der Ausspiralung das Zentrum immer deutlicher, die Spannkraft dorthin immer stärker.*

Übung: Licht strömt aufwärts – Schwere lastet abwärts

Wieder ist die aufrechte Haltung die Ausgangsposition. Dann erlebe und belebe Lichtkraft, die nach oben strömt, und hebe die Arme seitlich in diesem Strom, bis sie in einem – nicht zu engen und nicht zu weiten – Winkel nach oben gestreckt ein Gefäß bilden oder so etwas wie eine «Leitung» für das Licht. Die gestreckten Hände dienen sozusagen als «Pflug» – sie bahnen den Weg in den Winkel hinein. Die Handflächen schauen dabei nach innen, und in den Armen und Händen ist eine leichte Muskelspannung: *Licht strömt aufwärts.*

Nun schaffe das Gegengewicht dazu, ohne das Licht zu verlieren, indem du die Beine in einen ebenso großen Winkel wie die Arme seitwärts öffnest, dieser Form dann mit deinem Bewusstsein folgst und aus dem Hüftbereich Kraft nach unten fließen lässt: *Schwere lastet abwärts.*

Du kannst diese beiden Bewegungen sehr schnell aufeinander folgen lassen und damit in ein Doppelkraftfeld eintreten. Dieses Doppelkraftfeld ist die Realität von Lebenssubstanz (Ätherkraft) und Materie, in der wir, solange wir leben, drinnen stehen – meistens unbewusst.

Sich bewusst in diese Realität hineinzustellen und sie zu ergreifen, fordert und erlöst zugleich die Kraft der Mitte, die Kraft des Menschen. Dies geschieht jedoch nicht direkt auf der seelischen, sondern auf der Lebensebene. In das Sonnengeflecht, den Solarplexus, können neue Lebenskräfte einziehen.

---

* Wenn du die Form mit einer Gebärde begleiten möchtest, siehe dazu die Übung «Sonnenkraft im Menschenherzen», S. 63.

Achte darauf:

- dass du mit dem Gewicht deiner Gestalt in der Mitte zwischen vorn und hinten bleibst und nicht nach hinten kippst;
- dass sich im Bereich des Sonnengeflechts, wo sich die Spitzen der beiden Winkel von Armen und Beinen durchdringen, das fokussierte Bewusstsein löst. Um dies zu erreichen, richtest du dein Bewusstsein auf den Abstand bzw. die Kraftlinien zwischen den Händen und zwischen den Füßen.

Wie lange du in dieser Stellung verbleiben möchtest, kannst du selbst bestimmen. Sinnvoll ist es, sie nur so lange zu halten, als du sie mit deinem Erleben zu füllen vermagst. Danach löse die Gebärde innerlich und äußerlich.

Übung: Ja – Nein

In der Ja-Nein-Übung* wird der vordere Raum in Bezug auf den hinteren und der hintere in Bezug auf den vorderen Raum wahrgenommen. Wenn man ja sagt, geht man innerlich auf das zu, was man bejaht, wenn man nein sagt, distanziert man sich davon. Für das, was man bejaht, öffnet man ein Tor – wenn man etwas verneint, schließt man eins.[11]

Du kannst das im Fühlen vortasten und auch schon mal durch ein paar Schritte nach vorn oder hinten bekräftigen.

Stell dir also etwas vor, das du bejahst, und ergreif dieses Ja bildhaft mit dem Gefühl. Nun geh vorwärts auf das innere Bild zu.

* Ja – Nein ist auch eine heileurythmische Übung. Möchte man sie therapeutisch anwenden, empfiehlt es sich, eine Heileurythmistin oder einen Heileurythmisten aufzusuchen.

Ebenso kannst du dir ein Bild von etwas ins Bewusstsein rufen, das du verneinst, und dich im Rückwärtsgehen dann davon zurückziehen.

In der «Mitte» stehst du dazwischen – im Gleichgewicht.

Eurythmisch wird Ja und Nein mit den Beinen und Füßen gesprochen, denn ja und nein zu sagen ist eine Tat.

Übung

In der Ausgangsposition stehst du aufrecht mit geschlossenen Füßen da.

Beschreib nun im Ja mit dem linken Bein seitlich einen Halbbogen nach vorn, setz dann den Fuß auf, so dass du das Gewicht zur Hälfte darauf verlagerst. Ganz *kurz* stehst du so im Gleichgewicht auf beiden Füßen. Dann ziehst du den Fuß auf direktem (geradem) Weg in die Ausgangsstellung zurück.

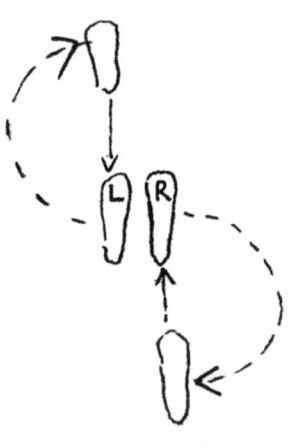

Im Nein beschreibst du entsprechend mit dem rechten Fuß einen Halbbogen, doch diesmal nach hinten, und verlagerst auch da am Ende des Bogens das Gewicht wiederum kurz auf beide Füße. Dann ziehst du auch diesen Fuß auf direktem Weg in die Ausgangsposition nach vorn.

Führ beide Bewegungen abwechslungsweise durch, wobei du sie zunächst langsam üben kannst, dann aber in rascherem Tempo ca. acht- bis zwölfmal machst – bis du schließlich unvermittelt abbrichst, ruhig dastehst und lauschst...

7 Ja – Nein: Der Weg der Füße

Achte darauf:

- dass du den Fuß nicht höher hebst als nötig, um den Bogen dicht über dem Boden zu beschreiben;
- dass der Oberkörper möglichst ruhig bleibt: Versuch, auf der Bewegung der Beine zu «reiten»;
- dass du dich nicht verhärtest oder verspannst und deswegen die Vorstellung verlierst. – Die Beine müssen locker bleiben, führ sie nicht mit dem Kopf, sondern mit dem Gefühl – wie wenn du in Wärme, in Wasser, in Wille dein Ja und dein Nein souverän hineinplastizierst, auch wenn die Bewegung schneller wird.

Übung: A – Verehrung

«Verehren» ist heute Ausdruck einer Seelenhaltung, die man so unmittelbar kaum mehr kennt. Vielleicht kann man sich an seine Kindheit erinnern, in der man aus tiefstem Herzen zu etwas aufblicken konnte. Das war wie ein Geschenk. Es war das Geschenk der Gewissheit, dass das Leben sinnvoll ist.

Alles, was als sinnvoll erlebt wird, macht gesund. Das ist vielleicht der Grund, warum die folgende Übung eine allgemein gesundende Wirkung hat. Arbeitet man mit dieser Übung, werden im Organismus Verehrungskräfte erweckt.

Bilde eine A-Gebärde, indem du die Arme nach oben in den vorderen Raum hinauf in einem Winkel öffnest, und verlagere das Gewicht leicht nach hinten (siehe S. 28). Verweile kurz darin. Dann balle zunächst ganz leicht im Schulterbereich und zieh dann die Schulterblätter sachte, aber mit Kraft nach hinten, so dass sich der Brustkorb weitet. Dadurch löst sich auch die Spannung in den Armen, die du leicht nach hinten bewegst, als würdest du einen luftigen Schleier über dich werfen. Während du die Arme dann langsam sinken lässt, senkt sich auch der Schleier, die Gabe. Fühle diesen Strom in den Armen, diese Weichheit …

Doch brauchst du die Arme nicht ganz zu senken: Bilde erneut eine A-Gebärde; löse auch diese wieder. Dies führ abwechselnd mehrere Male aus. Dabei kannst du auch mit dem A nach unten «wandern».

Übung: Hoffnung – U

Auch Hoffnung hat eine Gebärde, auch sie ist eine Seelengeste. Will man sie sichtbar machen, eignet sich folgende Übung dazu:

Stell dich aufrecht hin und verlagere dann das Gewicht ein wenig nach hinten (wie beim A). Dadurch öffnet sich der Raum nach vorn. Die Oberarme bleiben seitlich locker am Körper, die leicht angewinkelten Unterarme münden je in einer durch die Hände gebildeten Schale. Dies ist die Gebärde der Hoffnung.

Steh einen Moment in dieser inneren Bewegung und äußeren Stellung. Dann fass einen Entschluss, um in die U-Gebärde zu finden, und verlagere das Gewicht wieder nach vorn, bis du ins Gleichgewicht kommst. Richte dein Bewusstsein (nicht aber deine Augen) vor dir nach unten. Dieser innere Fokus bleibt in der ganzen folgenden Bewegung der Anziehungspunkt. Behalte also diesen inneren Fokus bei, wenn du nun mit dem Impuls der Gewichtsverlagerung die Arme und Hände seitlich bis über den Kopf hebst, wobei die Arme und Hände noch kurz die Rundung der «Hoffnungs-Schalen» behalten. Nimm den ganzen Raum über dir in deine Gebärde auf und führ ihn – die Handrücken nun aneinandergelegt, so dass die Außenseiten der

Arme nach innen zeigen – vor dir nach unten in den Fokus hinein.

In der Aufrechten stehend, minimal nach vorn geneigt, die Bewegung der Arme nach unten zu Ende geführt, halt einen Moment inne, dann löse den Druck in den Armen bzw. die Gebärde.

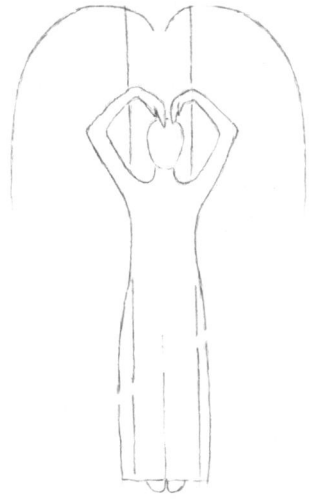 

8a Das U zu Beginn   8b Das U zu Ende geführt

Diese Doppelgebärde Hoffnung – U kannst du, ebenso wie die folgende Übung, Liebe – E, mehrere Male hintereinander ausführen. Die U-Bewegung stellt die Erfüllung der Hoffnung dar. Nicht umsonst findet in der Gestalt eine Gewichtsverlagerung statt. Der Raum, der in der Hoffnung nach vorn offen war, wird von innen ergriffen und erfüllt sich. Du kannst empfinden lernen, wie dieser Ich-Impuls hin zur Bewegung des U das eigene schöpferische Potenzial in dir belebt und dass in der strengen Form des U eine Kraft in der Beschränkung spürbar wird.

Übung: Liebe – E

Diese Übung beginnt damit, dass du der ganzen Welt ein Gefühl der Liebe entgegenbringst, jedoch nicht seelisch überfließend, sondern als Kraftstrom. Steh aufrecht; lenk das Bewusstsein in das Herz und die Innenseiten der Hände, die so zu Augen werden und sich der Welt zuwenden. Die Fingerspitzen empfinde als Lichtfühler, die sich hinaustasten.

Mit diesem Bewusstsein öffne die Arme und breite sie seitlich aus (man kann dabei eine Art Wärmemantel empfin-

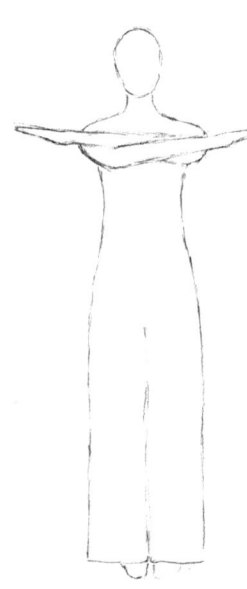

den, der von hinten eine Hülle bildet). Das ist die Gebärde der Liebe, sie ist wie ein großes O. Durch deine aufrechte Gestalt kannst du hinter dir stehend etwas Großes, Lichtes empfinden. Auch du bist in der Liebe darin; die Liebe geht durch dich hindurch. Steh einen Moment ganz in der Präsenz dieser ausströmenden Gebärde. Die Arme können dabei in der Horizontalen nach vorne «streichen», als wollten sie den Umkreis abtasten.

Dann kommt der Umschwung, das E. Beide Arme und in ihnen das Gefühl waren weit, jetzt führst du sie ruhig und bestimmt vor die eigene Mitte und lässt sie kreuzen, so dass sich die Unterarme berühren. Von der Weite zum Zentrum – das ist die Bewegung der Arme, wobei du mit deinem Bewusstsein einerseits den Fokus auf die Kreuzung richtest, andererseits den Raum hinter dir offen hältst.

9 E

Dein Gewicht wird sich dabei leicht nach hinten verlagern. Dann erneut Liebe-Gebärde und wieder E.

Wiederhol dies mehrere Male in gleichem Tempo. Am Ende der Übung löse die Gebärde und halte kurz inne.

Liebe zu der auszuführenden Bewegung

> *«Innres der Hand. Sohle, die nicht mehr geht*
> *als auf Gefühl. Die sich nach oben hält*
> *und im Spiegel*
> *himmlische Straßen empfängt, die selber*
> *wandelnden …»* [12]
>
> Rainer Maria Rilke

Wenn wir beginnen, das Wesen eines Lautes, eines Klangs in unserem Gefühl zu begreifen, wird uns die Sprache ihre Wunder preisgeben. Wir werden anfangen, den Sprachgeist zu verstehen. Warum heißt das Gebilde «Baum» im Deutschen eben BAUM, im Französischen ARBRE und im Englischen TREE? Welcher Aspekt eines Wesens, etwa des Baumwesens, kommt durch eine bestimmte Sprache zum Ausdruck? Bleibt man beim lautlichen Erleben (achte auf deinen Mundraum und die Bewegung der Zunge, wenn du ein Wort aussprichst), entdeckt man, wie bei «Baum» die einhüllende Krone betont oder nachgebildet wird, bei «arbre» die sich verzweigenden, vom Winde bewegten Äste, und bei «tree» der zwischen Himmel und Erde aufrecht wachsende, vom ganzen Kosmos durchkraftete Baum.

Der Sprachgeist wiederum ist mit der Landschaft verwandt, in der er beheimatet ist. Gerade die Konsonanten sind Abbilder von Formen, Geräuschen, Verhältnissen. Im Entstehungsprozess der Sprache hat der Mensch in seiner spezifischen Seelenverfassung die Welt, in der er lebte, durch die Laute ergriffen und ausgedrückt. Dadurch entstand ein Gefüge von Lauten und Klängen, die noch vollkommen durchdrungen waren von den Wesen selbst, die sie ausdrückten, jedoch immer wahrgenommen durch die Seelenverfassung der Menschen.

Heute kann man sagen, dass die Sprache auf die Menschen, die in einem gewissen Sprachraum leben, zurückwirkt. So gesehen bildet auch die Sprache einen Erkenntniszugang.

Die Welt, die Sprache und der Mensch gehörten – und gehören eigentlich noch immer – im Innersten zusammen. Einzelne Worte hatten als Ausdruck von Weltenprozessen immer auch Mysteriengehalt, wie z. B. AUM oder TAO. Die *Sprache* selbst ist Mysterium. Und sie ist Trägerin einer geistigen Kraft.

In den folgenden Übungen kann sich ein Tor öffnen zur Kraft der Laute, welche in der Art, wie sie hier als Bewegung beschrieben werden, spezifische Wirkungen auf den Menschen haben. Andererseits bildet der Umgang mit Lautqualitäten einen Zugang zu verschiedenen Aspekten der Welt und des Menschen.

Übungen: Lautqualitäten und gesundende Kräfte

Wellenlaut L

Das L ist der einzige «Wellenlaut» des Alphabets. Er hat die Qualität von Wasser, bringt Prozesse in Fluss und wirkt belebend, seelisch reinigend.

Übung

Versetz einen Fuß leicht nach vorn und steh mit lockeren Knien aufrecht, aber nicht gestreckt. Nun greif mit den Händen (und Fingern, die gleichsam zu Schalen geschlossen sind) seitlich nach unten hinaus und führe sie langsam zusammen, als würdest du etwas Dichtes, man kann auch sagen «Schwe-

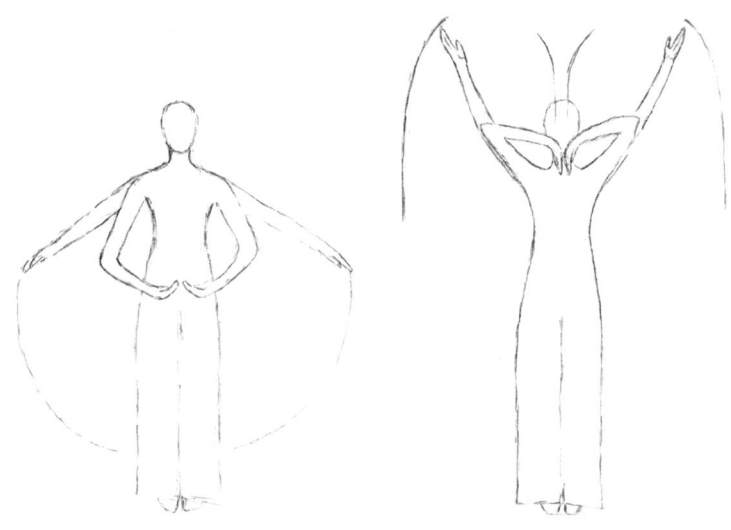

10a L – Anfangsbewegung nach unten   10b L – Bewegung nach oben öffnend

re», vor dir von unten her ergreifen. Versuch, die Luftsubstanz im unteren Bereich mit den Händen und Unterarmen tatsächlich wahrzunehmen; indem die Hände sich entgegenkommen, verdichtet sich Substanz zwischen ihnen. *Der Körper ist nun leicht nach vorn geneigt.*

Sind die Hände einander so nah gekommen, dass sie die Schwere von unten ergreifen können, bilden sie zusammen eine Art Doppelschale. Nun führst du die so ergriffene Substanz in einer Schöpfbewegung vor dir senkrecht bis auf Herzhöhe hinauf, wobei die Fingerrücken gegeneinandergeschoben werden und sich immer mehr berühren. *Dabei verlagerst du das Gewicht wieder in die Mitte zwischen vorn und hinten.*

Nun folgt ein Umstülpungsmoment, der gewissermaßen durch dein Herz geht, wie durch ein Nadelöhr hindurch. Denn in diesem Moment des Gleichgewichts öffnest du hinten zwischen den Schulterblättern und entlässt die Schwere in die

Leichte nach oben – die Bewegung geht von den Schulterblättern in die Oberarme, ergreift dann die Unterarme und zuletzt die Hände. Spätestens jetzt drehen sich deine Hände um, so dass die Handflächen in der Wendung kurz nach unten und dann hinaus ins Offene weisen. In der Bewegung der Hände kannst du erleben, wie eine Art Knospe aufblüht und sich dem Licht öffnet. Die Arme entfalten sich senkrecht über den Kopf hinaus in den oberen Raum hinein. Die Schulterblätter bleiben geweitet, aus ihnen wachsen dir gleichsam die Flügel, welche die Armbewegung «tragen». *Das Körpergewicht ist jetzt leicht nach hinten geneigt,* der Kopf ist frei und «empfängt» den offenen Raum über sich. Unmittelbar entsteht eine Art Himmelskuppel über dir, und zwar wird diese umso größer, je mehr du darauf achtest, den Umstülpungspunkt in deiner Mitte als Fokus, als Haltepunkt für den Raum, zu bewahren und zu stärken. Das Herz wird so zum Wahrnehmungsorgan für den Umkreis, und die Arme sind die Fühler des Herzens. Oder anders gesagt: Das Herz wird so groß wie der Raum selbst.

Sind die Hände ganz oben angekommen, bewegen sie sich seitwärts auseinander. Der (Seelen-)Raum entfaltet sich noch weiter in ihrem Zwischenraum, auch wenn die äußere Bewegung wieder abnimmt: Die Arme sinken ausgebreitet, aber locker, ohne Spannung, seitlich nach unten, *das Gewicht verlagert sich wieder zur Mitte hin.*

Wenn du nun ein neues L greifen willst, fühle, wie deine Arme ab der Horizontalen wieder in den Bereich der Schwere kommen; ein neues L kann beginnen – wende die Hände, und sie ergreifen selbst, wovon sie ergriffen werden …

Achte:

- auf das schaukelnde Gleichgewicht: vorn – mittig – hinten – mittig – vorn – etc.;
- auf lockere Knie, die im Bewegungsfluss mitgehen oder ihm nachgeben können;

- auf eine fließende Bewegung in der entstehenden und vergehenden Gebärde;
- auf das innere Gleichgewicht zwischen Zentrum und Umkreis.

Möglichkeiten des Übens:

- nur durch die Körperbewegung oder nur durch die seelische Bewegung (als Grundlage jeder Gebärde);
- die Gebärde nur mit den Händen ganz klein vor dem Herzen ausführen (und trotzdem den ganzen Raum bewegen!);
- nacheinander sieben L bilden, wobei die Gebärde stetig größer wird, ohne die Innerlichkeit in der Größe zu verlieren. Dann umgekehrt sieben L, die groß beginnen und stetig kleiner werden, und darauf achten, die innere Weite auch in der äußerlich kleinen Bewegung zu behalten;
- in mehreren sich folgenden L den Prozess, die Verbindung zwischen ihnen wahrnehmen und so einen Bogen über den ganzen Bewegungsablauf spannen;
- Verstärkung der Bewegung zwischen vorn und hinten durch das Stehen in einem offenen Schritt oder indem man mehrere Schritte zwischen vorn und hinten im Rhythmus der Gebärde geht;
- Gebärde und Schaukeln entgegengesetzt, d. h. so, dass du im Herunterführen der Gebärde nach hinten schaukelst (oder gehst) – dabei wird der vordere Raum weit; im Nach-oben-Führen der Gebärde aber schaukelst (oder gehst) du nach vorn – und dabei wird der Hinterraum weit. In dieser Art des Zusammenführens von Körperbewegung und Gebärde braucht es eine stärkere Aktivität deinerseits; du gehst dabei mit einem größeren (Gegen-)Raum um.

Kiebitz-M

Der Laut M hat die Qualität des Verbindens, des In-sich-Aufnehmens. Wenn wir ein Essen mögen, sagen wir «mmm», und in vielen Sprachen enthält das Rufwort für Mutter ein M, denn durch sie entdecken wir als Erstes die Welt. Das M ist Ausdruck des Hineingehens in etwas, um es von innen zu erfahren. Gleichzeitig hilft der Laut, uns selber zusammenzuhalten, wenn wir etwa nervös, unruhig sind, einseitig gearbeitet haben oder inneren Halt suchen.

Übung

Wie du beim Sprechen des M die Lippen fühlend aufeinanderdrückst und Stimme hindurchgehen lässt, so bewegen sich

in der M-Gebärde die Innenhandflächen vor dir aufeinander zu, abwechslungsweise die eine von vorn und die andere von hinten, wobei der Arm sich natürlich mitbewegt. Doch treffen die Hände nicht zusammen, sondern gehen aneinander vorbei. Jede Hand durchstößt und durchdringt dabei in ihrem eigenen Strom wahrnehmend die Luft, bildet jedoch zusammen mit der anderen Hand zugleich Richtung und Gegenrichtung.

Versuch, in der Ganzheit dieser Gebärde die Dichte der Luft, die Substanz der Welt zu fühlen.

Um in etwas einzudringen und dessen Wesen zu erfahren, muss man sich gleichsam herantasten; deshalb fließt die Bewegung nicht leicht und

11 M

mühelos, sondern wie gegen einen Widerstand – was sich eben in der Gebärde als Richtung und Gegenrichtung ausdrückt.

Bist du hineingedrungen, hast du das Wesen «geschmeckt», kommt die Bewegung zur Ruhe und hält sich einen Moment in der Form. Dann wenden sich die Hände in die Gegenrichtung und bilden erneut die tastende Gebärde aneinander vorbei. Wiederhol dies etliche Male.

Der Oberkörper bewegt sich auf natürliche Weise mit, kaum sichtbar, mehr lauschend, doch die Empfindung führt ihn hinein in den Strom des M.

Nun kannst du auch die Beine daran beteiligen: Steh, die Füße hintereinander, sogar leicht gekreuzt, so dass das hintere Knie sich in die Kehle des vorderen hineinlegt, wenn du leicht in die Knie gehst.

Geh nun mit einer M-Gebärde der Arme leicht in die Knie wie eben beschrieben; es ist wie ein Zusammenschieben. Wenn du nicht mehr weiterkannst, halte oben die Gebärde, gib dir unten aber einen Impuls von hinten: Löse das hintere Bein ganz leicht aus der Verschränkung und stoße das vordere so an, dass es leicht nach vorn schnellt. Das Gewicht verlagert sich kurz auf das hintere Bein; stell dich wieder auf das vordere Bein und zieh das hintere an – nun stehst du wieder in der Anfangsstellung.

Möglichkeiten des Übens:

- Statt bei der Gebärde in die Knie zu gehen, kannst du auch nur springen: Steh auf dem vorderen Bein und hole mit dem hinteren so aus, dass das Knie direkt in die Kniekehle des vorderen trifft, also ohne dass du davor die Knie beugst – beide Beine sind mehr oder weniger gestreckt. Durch den Anschlag schwingt nun das vordere nach vorn hinaus, das Gewicht verlagert sich auf das hintere, das in dem Moment nun steht, in dem das vordere Bein nach vorn schwingt. Dann aber schwingt das vordere Bein zurück, so dass es nun von vorn mit der Kniekehle wieder auf das Knie des hinteren trifft … Ein Hinundherschwingen, ein Hinundherhüpfen entsteht, wobei das vordere Bein vorn und das hintere hinten bleibt. Der Oberkörper bleibt dabei relativ ruhig. In der Eurythmie nennt man dies den Kiebitzschritt.

– Nun kannst du noch die Armgebärde des M dazunehmen – *eine* Gebärde oben, in der sich die Hände einmal begegnen, auf etwa *vier* Pendelbewegungen unten, so dass du mit dem hinteren Bein zweimal von hinten, mit dem vorderen Bein zweimal von vorn das andere anschlägst.

B gegen Migräne und andere Kopfwolken*

Der B-Laut bildet Hülle, Schutz. In der hebräischen Sprache bedeutet ב, Beth, «Haus». Das B gibt mir die Gewissheit, dass ich geborgen bin und mir selbst gehöre, weil etwas Größeres mich mir selber gibt. In dieser spezifischen Übung sammelt man die zu stark nach oben steigenden Kräfte, verbindet sie in einer Hülle wieder mit dem unteren Menschen und ermöglicht so einen freien Kopf.

Achtung: Bei akuter Migräne oder sonstigem Kopfweh darf das Migräne-B nicht gemacht werden, sondern nur in den beschwerdefreien Zeiten. Dann aber intensiv.

---

* Das Migräne-B ist auch eine heileurythmische Übung. Möchte man sie therapeutisch anwenden, empfiehlt es sich, eine Heileurythmistin oder einen Heileurythmisten aufzusuchen.

Übung

Greif mit den Armen und Händen nach
unten in den hinteren Raum, wobei die
Handflächen nach vorne schauen; erfass
gleichsam einen blauen Mantel, den du
nach vorn nimmst und um dich legst;
nicht eng, sondern so, dass ein Innenraum
entsteht. Die Hände wenden sich dabei
um, so dass die Handflächen immer zur
Gestalt gewendet sind. Die Arme samt
den Schulterblättern bilden die Form
einer umhüllenden Gebärde, so dass
die ganze Gestalt, die sie umgibt, darin
geborgen ist: die Schultern, der Rücken,
die Arme, der Bauch sowie die inneren
Organe. In dieser Hülle bleibt jedoch die
Aufrechte von den Beinen bis zum Kopf,
verbunden mit dem Herzen, licht, «gelb».
Der imaginierte Mantel aus Blau schützt

12 B – Bewegungsablauf

dieses Licht. Dabei entsteht in der zur Ruhe gekommenen
Armbewegung eine leichte Muskelspannkraft. Das B ist kein
dunkler Laut, es hat etwas Kräftiges und doch auch Inniges.

Geh nun, während du die B-Gebärde bildest, mit geschlossenen Füßen so in die Knie, dass du das Gefühl einer Beugung
hast und sich ein Innenraum zwischen Ober- und Unterbein
bildet. Komm in den Armen wie in den Beinen im B an, halte
es kurz als Empfindung. Dann löse die Arme und erhebe dich
wieder, alles in Ruhe.

Wiederhol die Übung etwa zehnmal.

Achte darauf:

– wenn du in die Knie gehst und anschließend die Beine
  wieder durchstreckst, wie du dich sowohl abwärts und

aufwärts in einer Lichtsäule bewegst, die durch dein
Rückgrat geht;
– dass du den Rücken nicht krümmst, sondern einzig
durch die Armgebärde eine Hülle bildest;

Rhythmisches R*

Das R ist der Zitterlaut, der durch die Luft rollt. Er gibt dem
Menschen Luft zum Atmen, weil er in eine Bewegung kommt,
die innen und außen rhythmisch miteinander verbindet. Das
R belebt, macht regsam, hat etwas Erfrischendes.

Übung

Stell dich aufrecht hin und zieh die senkrecht gehaltenen
Unterarme seitlich so an dich heran, dass die Handflächen
neben deinen Schultern nach vorn gerichtet sind. Dann beug
deinen Oberkörper nach vorn und schwing mit den Armen
in diese entstehende «Einwicklung» hinein mit. Die Arme
fliegen dabei, *kurze* Zeit auch gestreckt, in einer Woge nach
oben, nach vorn, nach unten und zurück, so dass die Hände
unter dem Oberarm zur Ruhe kommen. Der Kopf geht mit der
Bewegung mit und beugt sich auch.

Dann schwing mit dem Oberkörper zurück; lass die Arme
wieder mit der Bewegung mitgehen. Sie fliegen nach vorn
hinaus, strecken sich im Flug nach oben und werden, wenn
der Oberkörper wieder aufrecht (und fast überstreckt) ist, an
diesen herangezogen in die Ausgangsposition.

Es entsteht also ein Schwingen des Oberkörpers zwischen
Strecken und Beugen und zugleich ein Hinausschwingen der

* Das Rhythmische R ist auch eine heileurythmische Übung. Möchte
man sie therapeutisch anwenden, empfiehlt es sich, eine Heileurythmistin oder einen Heileurythmisten aufzusuchen.

Arme in der Bewegung des Oberkörpers und ein Heranziehen der Arme in den «Pausen» desselben. Achte darauf, dass sich in diesem Pendeln zugleich ein atmender Rhythmus entwickelt zwischen Impuls – Bewegung – Pause, (neuem) Impuls – Bewegung – Pause. Die zweite Pause fühlt sich länger an. Man kann es tatsächlich wie ein Atmen empfinden: Das R wird ein- und ausgeatmet. Und die Seele geht mit, ohne dass der physische Atem explizit an die äußere Bewegung gebunden wird; sie gibt sich wie die Arme dem Luftelement hin.

13 R – Anfangsstellung   14 R – eingerollt

Das Herz – ein Wahrnehmungsorgan für das Schicksal

> «Herz, du seelentragendes
> Deines Lichtes Geistgewalt
> Zaubert Leben aus der Menschen
> Unermesslich tiefem Innern.»[13]
> Rudolf Steiner

Das Herz kennt kein «Normal» oder «Normalerweise» und auch kein «Bei uns machen wir es so». Es kennt weder Prinzipien noch Standards. Das Herz sucht nach Beziehung, es ist der Ort, wo jede Beziehung seine Bestimmung findet. Und dafür will es sich öffnen. Beziehung ist Schicksal, sei es aus der Vergangenheit, sei es für die Zukunft.

Das Herz ist ein Tor und auch ein Schlüssel. Doch unser Wesen ist es, das den Schlüssel dreht, das die Tür öffnen kann und hindurchzutreten vermag. Die Herzkräfte stärken heißt, das eigene Wesen zu ermutigen, Vertrauen in seine eigenen Kräfte zu finden, und das Leben zu beherzigen. Das Herz reinigen heißt, dem eigenen Wesen die Möglichkeit zu geben, ungehinderter in die Welt zu treten, sei es die sichtbare oder unsichtbare. Das Herz weiten heißt, dem eigenen Wesen Raum zu schaffen, damit es sich immer mehr mit der ganzen Welt identifizieren kann.

Übung: Sonnenkraft im Menschenherzen (Ballen – Lösen)

Steh oder sitz so, dass du mit dem Gewicht deines Körpers nach vorn geneigt bist und dich so beugst, dass du dabei einen Innenraum empfinden kannst, den du durch die Beugung bildest. Die Arme hast du an dich herangezogen, die Hände übereinandergelegt, so dass vor dem Herzen ein kleiner Innenraum entsteht. In diesem Raum fühle das Licht der Sonne.

Nun versuch, dir innerlich einen Sonnenaufgang bildhaft vorzustellen: Die Sonne geht im Herzen auf. Der Oberkörper öffnet, die Hände und Arme öffnen sich mit dem Strahlen der Herzenssonne nach außen mit, bis du gewissermaßen Mittagssonne geworden bist, das hellste Licht der Welt, aber zugleich auch ganz hingegeben dem Licht. Die Gestalt ist nun fast überstreckt, die Arme und Hände sind ebenfalls seitwärts nach oben gestreckt, die ganze vordere Seite des Körpers strahlt selber Licht aus.

Fühle nun, wie die Sonne sich wendet; das Blau des Himmels wird tiefer, die Sonne kommt dir wieder entgegen. Versuch, den Wendepunkt im Gefühl zu initiieren, und du wirst sofort erleben, wie sich in der Gestalt die Spannung löst und du erneut das Licht empfängst, bis die Sonne in dir selber sozusagen unter dem Horizont verschwindet und es wieder Nacht wird. Nun bist du wiederum in der Beugung, und in dir entsteht Innenraum, in welchem dir das Licht gleichsam von der anderen, geistigen Seite entgegenleuchtet.

Auch hier gibt es einen Wendepunkt, den du in aller Ruhe im tiefsten Innern erahnen, erfühlen musst. Das Licht beginnt dann, von neuem in die Welt zu wachsen, und du beginnst, dich wieder zu strecken …

Dieses Ballen und Lösen kannst du mehrere Male hintereinander machen; es kann auch klein ausgeführt werden, nur mit dem Oberkörper und den Händen; es kann sich steigern in der äußeren Bewegung, oder du kannst das Licht mehrere Male in aller Größe aufleuchten und wieder vergehen lassen.

Die Übung kannst du so beenden, dass du von einem der Wendepunkte wieder zur aufrechten Haltung zurückfindest. Nimm einen Moment den Nachklang wahr.

Achte darauf:

– dass du selbst die Sonne bist und sie nicht etwas Vor-
gestelltes außerhalb von dir bleibt. In deinem Innern
geht die Sonne auf! Und wenn sie den Zenit überschreitet, wirst du in der Bewegung der Arme Wärme,
geistig aber erkraftest du in deinem Herzen.

Ballen – Lösen mit einer Kugel

Bilde vor deiner Mitte mit der einen Hand eine Schale, in
der du dir eine Kugel aus Wärme und Licht vorstellst, über
welche du schützend deine andere Hand legst. Diese Licht-
Wärme-Kugel wird jedoch im Herzen *gefühlt,* auch wenn du
sie äußerlich mit deinen Händen umfasst. Nun beginne mit
dieser Licht-Wärme-Kugel seelisch zu atmen (nicht physisch,
zumindest nicht absichtlich): Das Licht dehnt sich aus, die
Hände lösen sich in der sich ausdehnenden Wärmehülle um
die Kugel, «umkreisen» die Kugel seitwärts und umfassen sie
wieder neu, so dass dann die Hand, die vorher tragend war,
schützt, und die Hand, die vorher schützend war, trägt.

Die Kugel kann dabei einige Male wieder zur ursprüng-
lichen Größe zurückfinden. Dann aber lässt du die Kugel in
mehreren Schritten zunehmend wachsen, so dass du dich
im «Umkreisen» ihrer Atembewegung immer weiter mit den
Armen in den Raum ausdehnst. In den letzten Bewegungen
wirst du so weit um die eigene Gestalt atmen, dass die Arme
einen Augenblick seitlich gestreckt die Horizontale «berühren». Die Hände sind Fühler für den kosmischen Kreis, in dem
du für einen Moment wie ein Kreuz drinnen stehst, bevor du
die Weite wieder zum Herzmittelpunkt führst. Die Kugel hat
nun deutlich ihre Mitte im Kreuzungspunkt der Raumachsen,
die durch deine eigene Mitte gehen. Du wirst so erleben, dass
du aufrecht stehend im ganzen Kosmos eingebettet bist als
freier Mensch.

Die Lemniskate

Die Lemniskate ist ein altes Symbol und dient als mathematisches Zeichen für Unendlichkeit. Folgt man der Form (∞), zeigt sich, dass sie in der einen Hälfte einen Innenraum bildet, der sich durch den Kreuzungspunkt in den Außenraum umstülpt und umgekehrt. Für den Kreuzungspunkt kann man viele Bilder finden wie Schwelle, Ich-Wesen, Stirb-und-Werde, Tor. Es ist der Punkt, wo Tod Leben wird und in die andere Richtung Geist sich in Materie wandelt.

Es ist auch der Punkt, wo eine Begegnung zwischen zwei Welten stattfindet. Else Klink, eine Eurythmistin der ersten Generation, sagte von der Lemniskate, sie sei der sich in sich erkennende Kreis. Der Kreis ist Bild der Ewigkeit, aber auch Bild des Selbst. In der Lemniskate erkennt sich die Ewigkeit selbst – das ist der Mensch.

Von hier aus kannst du wieder in mehreren Atembewegungen zurückfinden zur äußerlich kleinen Kugel im Menschenherzen, in der jedoch nun der ganze Kosmos «eingeatmet» ist.

Am besten ist es, wenn du der Kugel nicht mit dem Blick, sondern nur mit der Empfindung folgst, weil es sonst schwer ist, von der äußeren Anschauung, die im ersten Stadium noch möglich wäre, zur inneren überzugehen.

Übung:
Tonleiter in einer Lemniskate*

Mach zuerst nur eine *Hörübung:* Wenn du ein Instrument spielst – du kannst auch singen –, lass eine Tonleiter im Raum erklingen.

Tonleiter

Jede Tonleiter ist deutlich in zwei Hälften gegliedert: in die ersten vier Töne einerseits und die folgenden andererseits; diese Gliederung ist gefühlsmäßig sehr einfach wahrnehmbar:

---

* Es gibt nicht nur eine Lauteurythmie (sichtbare Sprache), sondern auch eine Toneurythmie (sichtbarer Gesang). Auch in der Toneurythmie werden innere Gesetzmäßigkeiten – hier der Musik – durch den Menschen ergriffen. Im menschlichen Körperbau finden sich viele musikalische Verhältnisse, die durch die Eurythmie als Kraft entbunden werden können (siehe Anm. 13, S. 110).

- Spiel oder sing vom Grundton aus den nächstfolgenden Ton, die Sekunde, und kehre wieder zum Grundton zurück;
- dann spiel oder sing bis zur Terz und wieder zurück;
- dann bis zur Quarte und wieder zurück;
- schließlich bis zur Quinte und – kannst du jetzt wieder zurück? Wie fühlt sich das an? Und wie fühlt es sich an, wenn man dem inneren Bedürfnis einfach freien Lauf lässt und bis zur Oktave singt?

Von der Quarte zur Quinte überschreitet man eine Schwelle, bei welcher uns von der anderen Seite etwas entgegenkommt, zu dem wir hinstreben. Solange wir diese Schwelle nicht überschreiten und sozusagen vom Oktavlicht nichts wissen, fühlen wir uns ganz zuhause in der unteren Hälfte der Tonleiter, die uns mit einer gewissen Wärmehülle umgibt. Sobald wir aber über die Schwelle ins Licht der Oktave treten, erleben wir das «Zuhausesein» auf einer neuen Ebene und streben dahin.

Auch in der Tonleiter abwärts ist diese Schwelle deutlich erlebbar. Von der Quarte an fühlt man sich wieder vollkommen eingehüllt in den uns geradezu erwartenden Grundton.

Lemniskate

Wenn du mit der Übung beginnst, stell dir vor, du stündest zwischen vorn und hinten in einer Lemniskate drin, die sich in der Sagittalebene bewegt und deren Kreuzungspunkt in deinem Herzen liegt (siehe Abbildungen nächste Seiten). Dann folgst du mit den Armen dem Strom der Acht. Von den Füßen wölbt er sich nach vorn und sammelt sich im Herzen; dort kannst du etwas wie einen Pulsschlag in einen neuen Raum hinein erleben, einen Raum, der sich nun nach hinten öffnet. Darin wölbt sich der Strom hinauf über den Kopf, bis du gerade über dir den Zenit erleben kannst; von dort kommt er

15a–15f Lemniskate in der Sagittalebene

dir dann wieder entgegen, wölbt sich nach vorn, stülpt sich im Herzen um und strömt dann über die Hinterseite wieder zu den Füßen. Du empfängst nun den Strom.

Die ganze Gestalt bewegt sich während der Übung zwischen vorn und hinten mit.

Lemniskate und Tonleiter

Die Lemniskate, wie sie eben beschrieben wurde, dient nun als Grundlage für die Tonleiter. Die Bewegung bleibt die gleiche, nur dass du sie in den Strom der Tonleiter einbettest; singe innerlich die Tonleiter hinauf bis zum Zenit und von da hinunter, bis du wieder im Grundton angekommen bist. Du stehst als Mensch zwischen Himmel und Erde, die Tonleiter bist du selbst. Die «Schwelle» ist das eigene Herz. Dort geht der untere Tetrachord in den oberen über und umgekehrt. Das Herz öffnet immer wieder neu einen Raum, nimmt wahr, was kommt, und begleitet, was wird.

In den beiden Endpunkten – Grundton und Oktav – kannst du so ruhen lernen und erfährst, dass der Strom nicht abreißt, aber auch nichts dazu drängt, weiter zu *müssen*. Verbinde dich im Grundton durch die Füße mit der Erde, in der Oktav verbinde dich im Licht über deinem Haupt mit deinem höheren Selbst. An beiden Punkten kannst du die Übung neu empfangen, du kannst die Bewegung aber auch dort beenden, indem du dich zuletzt zwischen beide Kraftpunkte mitten hineinstellst und deine Aufrechte und dein offenes Herz zwischen diesen beiden Polen empfindest.

Durch die Lemniskate, durch das Aus- und Einströmen, durch das Herz als Schwelle zwischen zwei ganz verschiedenen Räumen, die sich wiederum durch das Herz ineinander umstülpen, und auch durch die Tonleiter stellt man sich in das Bild hinein, dass der Mensch ein geistiges und physisches Wesen ist und dass er seine Impulse jede Nacht und in jedem Leben neu aus der geistigen Welt in sein irdisches Dasein holt und aus diesem die Früchte wieder hinaufträgt.[14] Indem du dich erlebend in dieses Bild hineinstellst, werden dir seine Lebenskräfte zugänglich.

Achte darauf:

– Wann muss der musikalische Strom gegen Widerstand geführt werden, wann wird er gleichsam gezogen, wann wird er empfangen?

Übung: Hallelujah

Hallelujah ist das erste Wort, das als solches eurythmisiert wurde. Es reinigt die Seele, damit sie göttlich werde, und soll auch in diesem Bewusstsein eurythmisch «gesprochen» werden. Es handelt sich um einen Reinigungsprozess, der in der Lautlichkeit des Wortes verborgen ist. Das L ist der tragende Laut des Wortes, und er wird bei seinem ersten Auftreten in sieben Stufen gesteigert: mit kleiner Gebärde beginnend, die, immer weiter ausgreifend, groß vollendet wird. Beim zweiten Auftreten des L wird es dreimal groß in den Raum hinein gestaltet.

Davor, dazwischen und danach stehen die Vokale, die bildhaft Abschnitte auf einem Weg markieren. Das Wort beginnt und endet eurythmisch mit dem H, einem Laut, der mit geistiger Kraft Räume durchwehen, fruchtbar machen und öffnen kann.

Das H ist ein Laut, der sowohl vom ausströmenden wie auch vom einströmenden Atem gebildet werden kann. Beim Wort Hallelujah kommt der Impuls beim Anfangs-H von innen und lässt nach außen los, beim Schluss-H wird er von außen empfangen. So hat das H auch zwei Gebärden. Wir beginnen mit der ersten:

H:

Balle die Arme und Hände vor deinem Herzen, erzeuge eine leichte Muskelspannung zwischen Händen und Schultergürtel; Arme und Oberkörper sind gerundet. Du kennst die befreiende Kraft beim Aussprechen des H, nun brauchst du sie in der Bewegung, um die ganze Spannung, die du aufgebaut hast, abzuwerfen: Mit einem Impuls öffne zwischen deinen Schulterblättern, löse deine Schultern, entspanne deine Oberarme und lass alles Feste, alles Dunkle, alles Bedrückende los – es fliegt deine Arme entlang weg, die Arme öffnen sich frei in die Weite nach oben. Jetzt stehst du aufrecht.

16 H – Ausgangsstellung

A:

Bring nun in die lockeren Arme hinein Spannung, streck sie und bilde dadurch einen Winkel nach oben. Die Hände sind offen gestreckt, sie sind die «Antennen» zum Licht. Stell dich mitten hinein in diesen Winkel, werde selbst Bild des A. Nimm darin wahr, was dir das H als Raum geöffnet hat.

L:

Aus diesem A heraus löse nun die Arme zur L-Gebärde und lass diese, wie oben beschrieben, von Stufe zu Stufe wachsen und immer weiter in den Raum hinaus «lichten», indem du sie siebenmal ausführst (zur L-Gebärde siehe S. 52). Verwandle so alle Finsternis durch das Nadelöhr deines Wesens in Lichtsubstanz. Sieben ist die Zahl der Entwicklung.[15] Achte darauf, dass der H-A-Raum anwesend bleibt und du dich mit den sieben Ls in diesen Raum hinaus entwickelst.

E:

Den Prozess der sieben Ls fass in einem ruhigen kräftigen E (siehe S. 50) zusammen. Das E kann vor der Brust, frei in der Mitte vor dir oder von unten ergriffen und, alle «Mäntel» des L zusammenfassend, über dem Kopf gebildet werden. Im Kreuzungspunkt entsteht ein neuer Bewusstseinsfokus für den Umkreis. Stelle dich da mitten hinein.

L:

Nun erbilde und erfahre mit drei großen Ls die Lichtaura dieses Punktes. Diese L-Gebärden sind wie ein Lichtkranz, wie ein strahlender Umraum, in dem du frei und sicher drinnen stehst.

U:

Sammle diese Lichtkraft wiederum in einem von ganz unten nach oben geführten U, indem du das letzte L loslässt, die Arme auf direktem Weg parallel nach unten hältst und sie dann so parallel gestreckt vor dir bis auf Scheitelhöhe nach oben führst. Lass dir Zeit dafür, ohne jedoch innerlich das Wort abzubrechen. Dies ist der Höhepunkt.

J-A-H:[16]

Nun kommt als Antwort auf diesen Höhepunkt der «Schlussakkord»: J – A – H. Lass einen Arm los (löse das Bewusstsein aus diesem Arm – er wird für kurze Zeit einfach nach unten gleiten) und bilde mit dem andern ein strahlendes I nach oben (du selbst bist I weit über dich hinaus!), geh dann aber unmittelbar in ein A über, indem du auch den anderen Arm emporstreckst, so dass sie zusammen wiederum einen Winkel bilden: Ruf die Empfindung in dir hervor, darin die göttliche Welt zu empfangen. Dann löse in den Schultern, darauf in den Armen die Spannung des A (wie bei der Übung A – Verehrung, S. 47) und entlass die ganze Kraft durch dich hindurch zur Erde nieder, aber nur im Gefühl, ohne dich zu beugen. Die Arme sinken seitlich gelöst nach unten.

Schlussgeste:

Zum Abschluss bildest du ein E, indem du die Hände über Kreuz auf deine Brust legst (die Handflächen zeigen zum Körper). Dieses E wird auch Verehrungs-E genannt.

Im Halleluja kann man erleben, dass sich eine Wirklichkeit als Prozess und Organismus wahrnehmen lässt. Diese Wahrnehmung ist etwas vom Schönsten, das man in der Eurythmie lernen und üben kann. Und das Halleluja ist dafür eine hervorragende Übung. Wirklichkeit ist nicht zerstückelt, sie bringt sich unentwegt hervor und enthüllt einen Sinnzusammenhang.

Bewusstsein schafft Wirklichkeit

> *«Eine Aktion ist immer gleichzeitig die Empfangsstation für eine Intuition. Das eine geht nicht ohne das andere, und erst beides zusammen ergibt das Kunstwerk.»* [17]
>
> Johannes Stüttgen

Jedes Bewusstsein erzeugt die ihm entsprechende Wirklichkeit. Der Mensch steht nicht außerhalb der Wirklichkeit, sondern ist selbst Teil von ihr, weil er sie nicht nur erlebt, sondern in jedem Moment durch sein eigenes Bewusstsein *miterzeugt und belebt*. Jede Situation im Leben wird durch mich selbst gedeutet, bekommt so Be-Deutung. Doch ausschlaggebend ist die Deutungs*richtung* – erlebe ich eine Situation *für* oder *wegen* etwas? Hatte ich eine schwierige Kindheit wegen meiner schwierigen Mutter, oder hatte ich eine schwierige Kindheit, um etwas erlebt zu haben, das mir in meinem späteren Beruf hilft? Ist mein Leben nun ruiniert, weil mir gekündigt wurde und ich den Ort verlassen muss, der mir vertraut ist, oder gibt mir diese Kündigung die Chance, mich auf das zu besinnen, was mir wirklich wichtig ist? Schaue ich aus dem Blickwinkel der Vergangenheit oder aus dem Blickwinkel der Zukunft? Sehe ich das, was ich geworden bin, oder erfühle ich das, was ich werden will? – Manche Menschen gehen an schwierigen Situationen zugrunde, manche entfalten daran ihre ureigene Kraft.

Die ureigene Kraft ist das, wodurch ich eine Situation ergreifen kann und die Deutung nicht dem überlasse, was mich wie ein Wetterumschlag trifft.

In der Eurythmie übt man nun aber nicht, Deutungen zu geben. In der Eurythmie *betätigt* man sich aus dieser eigensten Wesenskraft heraus und lernt, das Selbst als Quelle des Denkens, Handelns und Seins zu erleben und zu stärken.

Erschließ dir neue Zugänge zu der Wirklichkeit, die du willst. Das Zukünftige wird so im Jetzt als Potenzial erlebbar, als das, was du durch dich selbst in die Welt zu bringen vermagst.

In den folgenden Übungen geht es darum, das Bewusstsein der physischen Bewegung vorauszuschicken, dir selbst die Räume zu öffnen, in die du eintreten willst. Um von einer Stellung in die nächste, von einer Richtung in die andere zu wechseln, musst du Impulse, Intentionen willentlich erzeugen. Interessanterweise sind diese für andere bereits schon dann sichtbar, wenn man sie erst geistig fasst. Die Frage nach Innen und Außen, Geist und Materie stellt sich immer wieder neu und beantwortet sich sogleich durch deine aktive geistige Tätigkeit.

Übung: Ich denke die Rede

Von Agrippa von Nettesheim (1486–1535), einem deutschen Gelehrten, Mystiker und Arzt, ist eine Zeichnung überliefert, die den Menschen in sechs – in die Kräfte der Sterne eingegliederten – Stellungen zeigt.

Darauf gründet die folgende Übung, die du stumm ausführen, mit den Worten machen kannst, die Rudolf Steiner viele Jahre später dazu gab, oder indem du innerlich andere Worte, Gedanken, dazu findest. Die Stellungen selbst haben eine starke Wirkung und sprechen in ihrer Kraft durch sich selbst.

Es wird angenommen, dass diese Körperstellungen lange schon gepflegt worden waren, bevor sie von Agrippa aufgezeichnet wurden. Rudolf Steiner hat sie als geistige Realität neu aufgegriffen, doch hat er die Reihenfolge der ersten beiden Stellungen umgekehrt. Agrippa kommt sozusagen von den Sternen ins Kreuz, das kosmische Licht stirbt hinein in den physischen Leib; bei Steiner geht es von der Kreuzstellung in die Durchlichtung *von innen,* zu der «Sternenstellung», deren Linie durch den Kehlkopf führt. In dieser Abfolge sind sie im Kontext der Eurythmie dem heutigen Menschen angemessener – ihre Be-Deutung wurde dadurch eine andere ...

17 Agrippa von Nettesheim: Vom Maß des Menschen

Übung

In der Ausgangsstellung sind die Füße geschlossen. Du stehst aufrecht da, das Gewicht ganz leicht nach vorne geneigt; innerlich bildest du mit deinem Bewusstsein die Kreuzstellung. Dann hebst du die Arme seitlich aus den Schulterblättern heraus in die Horizontale: *Ich denke die Rede.*

Öffne dann mit dem rechten Fuß ganz leicht die Fußstellung seitwärts, fühl den Bewegungsansatz der Arme zwischen den Schulterblättern und geh mit den Armen minimal nach oben (alle Bewegungen zwischen den Stellungen, mit Ausnahme der letzten, geschehen seitwärts), so dass sich die Hände auf Höhe des Kehlkopfs befinden. Führ die Bewegung nicht bloß technisch aus, sondern erlebe sie aus der Kraft der Mitte, die sich voller Präsenz mitten ins Leben stellt: *Ich rede.*

In der dritten Stellung öffnest du die Beinstellung noch mehr, indem du den linken Fuß weiter hinausstellst. Es ist nun wie ein großes Ausatmen; senk die Arme so weit, dass die Hände auf die Höhe des Herzens herunter gelangen: *Ich habe geredet.* Das Wort, die Tat klingt nun im Innern nach.

Damit ist die erste Dreiheit, die in sich eine Einheit bildet, abgeschlossen. Sie steht mehr mit dem irdischen, aber auch mehr mit dem vorderen Raum in Verbindung.

Die nächste Dreiheit ist nun mehr auf den geistigen Raum hin ausgerichtet. Die größte Umstülpung geschieht zwischen der dritten und vierten Stellung. Ein ganz neuer Entschluss muss da gefasst werden.

Stell erneut den *rechten* Fuß noch weiter hinaus, die Bewegung der Arme setzt wieder in den Schulterblättern an und führt so weit in die Höhe, dass unten wie oben der gleiche Winkel entsteht. (Die Hände kannst du weiter nach unten gewendet halten oder in dieser Stellung nach oben wenden.) Stell dich so in ein Kreuz aus Diagonalen hinein. Je tiefer du dich nach unten verbindest, desto höher reichst du hinauf, wirst du nach oben hin frei: *Ich suche mich im Geiste.* (Hier müsste man fast noch dazu fühlen: Ich suche mich im Geiste *durch* die Materie *hindurch*.)

Dann bring die Kräfte aus der geistigen wieder in die irdische Welt herein (wende die Hände *gegebenenfalls* wieder nach unten), bleib jedoch mit dem geistigen Umraum verbunden. Die Arme senken sich – immer noch ausgestreckt, bis die Hände auf Scheitelhöhe zur Ruhe kommen, der linke Fuß wird herangezogen, auch wenn die Fußstellung noch offen bleibt: *Ich fühle mich in mir.*

Um in die letzte Stellung zu gelangen, folgt nun die einzige größere Bewegung: Löse die Arme seitlich und senke sie ganz nach unten in die Parallele hinein, schließ die Füße (indem der rechte Fuß angezogen wird) und führ dann die Arme parallel vor dir von unten nach oben, durch alle Zonen hindurch und mit allen Zonen verbunden bleibend, so dass die Gestalt eine geschlossene Säule bildet: *Ich bin auf dem Wege zum Geiste (zu mir).*

Aspekte, auf die du achten kannst:

- Vorderer Raum, hinterer Raum;
- Wechsel zwischen «Ausatmen» und «Einatmen» der Gebärde im Heben und Senken der Arme;
- Wo ergreift der innere Impuls den physischen Leib? In den Schulterblättern, im Herzen, in den Füßen?

Möglichkeiten des Übens:

- Von einer Stellung zur nächsten springen (ohne Worte, nur die Stellungen). Dies in langsamem Tempo, aber auch (wirklich) schnell, mindestens dreimal hintereinander.
- Von einer Stellung in die nächste übergehen, im Tempo des inneren Fokussierens auf die Worte oder auf die Sprache der Stellungen.
- Lange in einer Stellung bleiben, jede Stellung wie eine Meditation durchführen. Du kannst die Dauer des Verbleibens in einer Stellung von Tag zu Tag (oder von Woche zu Woche) steigern, damit die Muskelkraft der geistigen Kraft zu entsprechen beginnt.

Übung: Wir suchen die Seele – uns strahlet der Geist

Wie der Titel schon sagt, geht es hier um zwei Arten von Aktivität, die in ihrer Qualität verschieden sind. Man kann dafür das Bild vom Punkt und Umkreis nehmen: Der erste Teil beginnt beim Punkt und bereitet sich vor, sich dem Umkreis zu öffnen; der zweite Teil lebt im Umkreis und wirkt auf den Punkt zurück. Wenn ich mich als Mensch in diese Kräfte hinein begebe und sie zu ergreifen versuche, öffnet das die Tore zu den kosmischen Kräften, die in uns leben. Gleichzeitig erweitert sich der Seelenraum, wenn ich versuche, die Form geistig als Ganzheit zu erfassen (im Irdischen entsteht sie nacheinander, in zeitlicher Abfolge, geistig aber ist sie eine Einheit). Und zuletzt erfrischt die Übung durch das stete Hindurchgehen durch die eigene Mitte in den Momenten der Umstülpung.

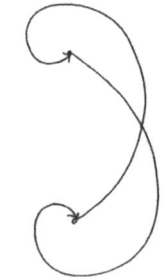

Diese Übung besteht aus folgender Form: Geh, nach rechts beginnend, eine einfache Einspiralung nach vorn auf einen Punkt zu, der geradeaus vor dir liegt. Von dort gehst du rückwärts wieder nach rechts in einer einfachen Einspiralung nach hinten zum Ausgangspunkt zurück. Die Spirale kann dabei ein wenig in die Länge gezogen werden (siehe Zeichnung).

18 Einspiralung nach vorn und nach hinten

Nun ist es interessant, diese Form einfach einige Male zu gehen. Dabei kannst du auf Folgendes achten:

- Ist die Spirale anders nach vorn als nach hinten?
- An welchem Punkt ist es klar, dass es eine Spirale wird?

- Was geschieht in den Ausgangspunkten hinten und vorn – und geschieht an beiden Orten das Gleiche?
- Wo ist der Ort – im Raum, in mir, und wenn in mir, wo eigentlich? –, an dem die Form sich neu ausrichtet?

Wenn du die Übung auch in Worten ausdrücken willst, kannst du innerlich den Satz sprechen: Ich suche die Seele, mir strahlet der Geist. Oder: Wir suchen die Seele, uns strahlet der Geist.

Die Wahrnehmung der Form ist nach vorn hin eher nach innen gerichtet, stärker gebündelt und zentriert; der Raum rundet sich. Nach hinten ist es ein freier Raum, der dich umgibt und in den du als freies Wesen hineingehst. Rücken, Nacken und Hinterkopf sind offen, mit deinen Händen kannst du mühelos nach oben in diesen Raum hineingreifen.

Du kannst die Formen auch aus einem Bild aufbauen: Wie fühlst du dich, wenn du in eine romanische Kirche oder in eine Krypta hineingehst, wie, wenn du in einer Kathedrale gleichsam aufgenommen wirst vom Raum? Wähle dabei Bilder, die du tief erleben kannst, vielleicht sind es auch andere Räume, z.B. der Raum eines Gartens, wenn du eine Rose anschaust und den Sommertag erlebst, der alles hält. Wichtig ist: Das Bild, das du aufbaust, das bist du in diesem Moment selbst. Werde Krypta oder Kathedrale, werde Rose im Garten und Sonne am Himmel, sei innerlich anwesend (nach vorne) und sei geistig kraftvoll (nach hinten).

Du kannst die beiden Formen je nach Bild oder Prozesserleben auf vielfältige Weise mit einer Gebärde begleiten: Nach vorn ist es eine Bewegung, die den Raum mit hereinnimmt, aus der Weite zum Herzen. Nach hinten gestaltet sich die Bewegung so, dass sie den Lichtraum hinter und über dir abtastet und in gewissem Sinne nicht erzeugt, sondern *be*zeugt. Wichtig ist immer, mit der Gebärde nichts zu *zeigen*, sondern in der Gebärde zu *sein*, also fortwährend die Empfindung zu haben: *Ich bin* – werdende Innenwelt, Rose, Krypta etc., oder strahlende Außenwelt, Goldgrund, Himmel, Kathedrale etc. (Wenn du bereits Erfahrung mit der Eurythmie hast und die verschiedenen Laute kennst, versuch bei der vorderen Einspiralung Vokale in die Grundgebärde hinein zu bilden, bei der Einspiralung nach hinten konsonantisch den Raum zu gestalten.)

Was aber geschieht oder was tust du in den Punkten, in denen du die neue Richtung ergreifst?

Innerlich öffnest du ein Tor zu diesen oben beschriebenen Räumen. *Du selbst bist dieses Tor, durch welches das Neue sich bilden, aber auch zeigen kann, du ebnest dir selbst den Weg in die Welt.* Gerade dies ist die Aktivität, die in der Eurythmie gefordert wird. Sie ist eine schöpferische Kunst, weil dein Wesen schöpferisch tätig werden muss, um Wirklichkeit, Beziehungen, Verhältnisse sichtbar zu machen, zu gestalten und wahrzunehmen.

Übung: 5-Stern

Form in der Gestalt

Der 5-Stern ist der Gestalt des Menschen eingeschrieben. Wie in der dritten Stellung der Übung «Ich denke die Rede» kannst du dich als Mensch in den 5-Stern hineinstellen. Dann aber kannst du einen Strom empfinden, der die fünf Punkte des Sterns miteinander verbindet:

> Vom Kopf in den rechten Fuß,
> vom rechten Fuß zur linken Hand,
> von der linken Hand auf Herzhöhe zur rechten Hand,
> von der rechten Hand zum linken Fuß
> und vom linken Fuß zurück zum Kopf.

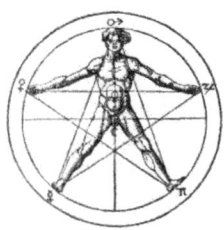

19 Siehe Abb. 17, S. 77

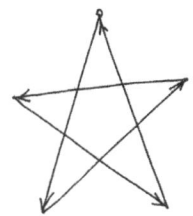

20 Der 5-Stern in der Gestalt

Formen im Raum

Stell dir, bevor du die Form im Raum bewegst, den 5-Stern in einem inneren Bild vor, dem du sicher folgen kannst.

Projizierst du nun den Stern in den Raum, so beginnt die Form beim Kopfpunkt: Dieser ist im Raum, wenn ich die Form auf den Boden zeichnen würde, hinten. Führ also die Form innerlich von ihrem hintersten Punkt *nach vorn* zu den «Füßen», genauer zum rechten Fußpunkt. Von dort führe sie im Bewusstsein weiter leicht nach hinten links zum linken Handpunkt, horizontal nach rechts zum rechten Handpunkt, dann leicht nach links *vorn* zum linken Fuß und wieder zurück *nach hinten* zum Kopfpunkt.

Nun beweg die Form: Geh jeden Weg mit drei bis fünf Schritten. Wenn du den 5-Stern innerlich als Bild und äußerlich als Form hast, kannst du die Schrittzahl reduzieren und nur mit einem Schritt pro Weg den 5-Stern formen. Achte dabei darauf, dass du mit deinem Kopf immer gerade über den Füßen bleibst, so dass die ganze Gestalt in dem schnellen Wechsel der Richtungen sich mitbewegend folgt und auch

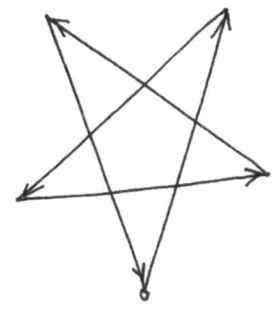

21 Der 5-Stern als Weg

83

jetzt eine Form im Raum entsteht (und du nicht einfach Linien am Boden entlanggehst).

Die strahlige Form kann zu der Empfindung führen, dass man von Ewigkeit zu Ewigkeit einen Lichtstrahl bildet und dass die Geraden im Grunde viel weiter sind, als sie im Physischen sichtbar werden. Und jede neue Ewigkeit kommt einem in dem Moment schon entgegen, in dem man sie in sein Bewusstsein fasst.

5-Stern mit Lichtstrahlen

Nimmst du nun noch die Armgebärde hinzu, kannst du die Form mit Lichtstrahlen in den Raum hinein bilden. Der erste Weg führt mit dem rechten Arm von oben nach unten rechts, wie ein Lichtstrahl vom Himmel zur Erde – lass diesen nach unten hin los; empfange mit dem linken Arm von unten rechts einen neuen Strahl, ergreif ihn und führ ihn nach links auf Herzhöhe in die Weite, wo du ihn wiederum loslässt; empfang nun wieder einen neuen Strahl von dort mit dem rechten Arm und lass ihn horizontal nach rechts los; von rechts empfängst du mit der linken Hand den Strahl, der nach links unten führt, bis dein linker Arm wiederum gestreckt nach unten zur Erde weist; zuletzt nimmst du mit dem rechten Arm von unten links den Strahl entgegen, der nach oben zum Kopfpunkt des 5-Sterns zurückführt; dieser befindet sich über deinem Haupt – im Licht.

Die Hand bzw. der Arm, der einen Strahl entlässt, kann die Richtung so lange noch halten, bis er wieder gebraucht wird, um einen neuen Strahl zu führen. So entsteht zwischen den beiden Armen Weite, und in der Weite kann sich das Licht entfalten.

5-Stern mit I

Etwas Ähnliches kannst du mit dem Laut I machen. Anders als beim «Lichtstrahl-5-Stern» entsteht das I immer wieder neu aus dem Herzen als Kraft von innen. (Ein Lichtstrahl, wie oben beschrieben, ist etwas Objektiv-Ewiges, das zur Form gehört; ein I ist eine Kraft von innen, die als Ewigkeit aus dem Menschen spricht – individuell.)

Bilde auf jedem Wegstück des 5-Sterns neu die I-Gebärde, indem du entweder jedes I als Urgebärde *zwischen oben und unten* erstrahlen lässt oder indem du es nur mit einem Arm in die entsprechende Richtung des 5-Sterns nach unten, in die Horizontale oder nach oben in den Raumes hinein bildest.

Achte darauf:

- dass du die ganze Form aus dem Bild des Menschen, der zwischen Himmel und Erde steht, bewegst. Erst so erlebst du den Strom, der durch dich selbst hindurchgeht. Das ist wichtig! Die Form wird sonst schnell zu etwas Äußerem, das du nur abläufst.

Da sein – mitten im Leben

«Es gibt nichts Gutes, außer man tut es.»[18]
Erich Kästner

Die Überschrift dieses Kapitels passt hervorragend zur ersten Übung. In ihr stellst du dich tatsächlich mitten ins Leben. Versuch, die dadurch erworbene Geistesgegenwart auch in den anderen Übungen beizubehalten. In diesen geht es um Unabhängigkeit, und sie sind so aufgebaut, dass nach und nach eine Bewegung dazukommt. Ihr Vollzug ist in seiner Vielschichtigkeit schwer denkbar – du kannst sie aber *können*. Im aktuellen Tun sind sie handhabbar. Die meisten Menschen müssen üben, bis sie darin Souveränität erlangen, doch der größere Zusammenhang, der sich durch die Übungen allmählich herausbildet, besteht in einem Zuwachs an innerem Raum und Freiheit.

Dann wird Dasein zu *da sein*. Wer mit seiner Seele da ist, wo sich auch sein Körper befindet, wird Reichtum erfahren und Schönheit. Wer das Dasein mit seinem Geist ergreift, kann wirken. Doch so wie die Bewusstseinsübungen nicht Deutungen geben, sondern in dir die Kraft stärken, die sich selbst die Richtung gibt, so schenken auch diese Übungen nicht Reichtum, sondern die Fähigkeit, reich zu werden. Die Eurythmie bildet das Instrument. Spielen musst und darfst du selbst.

Übung: Abwärtsgehende Septime

Der Ton, der als Intervall vom Grundton aus die Septime bildet, steht am Übergang von der Sext zur Oktave bzw. von der Oktave zur Sexte. Das Intervall ist ganz nah an der Vollendung, der Oktave, und voller Spannung, diese zu erreichen.

Diese Spannung ist Lebenskraft, die Innenseite eines Sogs. Auf dem umgekehrten Weg, von der Oktave weg, muss die Septime sich von dieser losreißen, nimmt aber die Fülle der Oktave in sich hinein. Springt man nun von der Septime direkt in den Grundton, kann man diese Substanz ohne Verlust (den der Durchgang durch die anderen Intervalle bewirken würde) in sich aufnehmen.

Übung

Steh aufrecht, die Füße geschlossen, lass die Arme locker. Streck nun beide Arme nach vorn, so dass die Hände gerade vor dir etwas über der Kopfhöhe sind. Schüttle, schleudere und schlenkere sie eine kleine Weile kräftig. Fühle nun deine Hände: Wo sind sie? Sind sie noch greifbar? Haben sie Kontur? In welchem Raum befinden sie sich?

Lass die physischen Hände da im Raum, wo sie sind, auch wenn die Ätherhände – als Erleben – keinen klaren Ort haben. Geh dennoch zu ihnen hin, indem du einen oder auch mehrere Schritte nach vorne machst; dadurch beugst du die Arme (die Hände bleiben nach vorn ausgerichtet), ohne sie zu senken. Bist du bei ihnen, oder eher: in ihrem ausgeweiteten Raum, ziehst du den hinteren Fuß nach, so dass du wieder in geschlossener Stellung dastehst.Erst jetzt lässt du die Arme parallel entlang der Gestalt hinuntersinken.

22 Abwärtsgehende Septime

Du kannst diese Bewegung langsam machen und so die Substanz erwecken, ihr nachspüren. Und du kannst sie mehrere Male nacheinander ausführen.

Übung: Geschicklichkeits-E

Kreuz die ausgestreckten Arme, so dass sich die Unterarme kräftig berühren; abwechselnd ist einmal der rechte Arm oben, dann der linke.

Kreuz die Arme viermal: einmal über dem Kopf, dann horizontal vor dir, dann vorn schräg nach unten und zuletzt hinter dir.

Führ nun gleichzeitig mit jeder Berührung der Arme eine Ferse an die Stelle direkt unter dem Knie des anderen Beins – auch dies abwechselnd: rechte Ferse, linke Ferse, bzw. linkes Knie, rechtes Knie.

Du kannst das mindestens dreimal wiederholen, dabei das Tempo steigern und die Bewegungen dann nochmals langsam ausführen.

Wie der Name schon sagt, macht diese Übung geschickt und beweglich. Wenn du dabei innerlich ruhig, aber präsent bleibst (obwohl du äußerlich die Bewegungsintensität steigerst), wirkt das einerseits belebend auf die Seele zurück, andererseits bildet sich eine innere Sicherheit und Kraft.

22 Geschicklichkeits-E

Schrittübungen

Schrittübungen sind Bewusstseinsübungen für die Füße.
    Es gibt kurze und lange Schritte, und zusammen ergeben
sie einen Rhythmus:
        ·· bedeutet: kurz kurz; – bedeutet: lang.

Ein kurzer Schritt ist etwa einen halben, ein langer einen
guten Fuß lang. Das zeitliche Verhältnis entspricht der Länge:
Der kurze Schritt dauert nur halb so lang wie der lange, und
du kannst ihn so gehen, dass nur der Vorderfuß den Boden
berührt.

1)

·· – – – / – ·· – – / – – ·· – / – – – ··

(also: kurz, kurz, lang, lang, lang / usw.), dann rückwärts:

– – – ·· / – – ·· – / – ·· – – / ·· – – –

Zwei Kürzen kannst du auch durch einmaliges Stampfen oder
Hüpfen ersetzen; Stampfen oder Hüpfen haben dann die
Dauer eines langen Schritts, so dass wiederum ein 4/4-Takt-
maß entsteht.

2)

Geh *in der gleichen Zeiteinheit* je:
einen Schritt (vorwärts)
zwei Schritte (rückwärts)
drei Schritte (vorwärts)
vier Schritte (rückwärts)
fünf Schritte (vorwärts)
sechs Schritte (rückwärts)
sieben Schritte (vorwärts)

Nun geh von da:
sechs Schritte (rückwärts)
fünf Schritte (vorwärts)
vier Schritte (rückwärts)
drei Schritte (vorwärts)
zwei Schritte (rückwärts)
einen Schritt (vorwärts)

Die Schritte werden dabei im ersten Teil, in welchem sich die Schrittzahl steigert, immer mehr zu kurzen und im zweiten Teil, in welchem sich die Schrittzahl reduziert, wieder zunehmend zu langen Schritten. In dieser Übung geht es auch um ein inneres Maß an Einheit, die jeweils die Zahl der Schritte auf einem Weg (vor oder zurück) umfasst. Wenn du diese Einheit im Tun erreichst, wirst du dich selbst immer mehr als eine Einheit erleben – denn Innen und Außen sind eins.

Es ist auch die Einheit, die an hektischen Tagen zu erleben du lernen kannst, wenn noch dies oder jenes zu tun ist. Es ist die Einheit deines Menschseins, das aus sich heraus die Vielzahl umfassen kann. Der Kopf zählt unentwegt, doch der Mensch aus seinem Herzraum ergriffen, kann die Zerstückelung überwinden.

Versuch außerdem, auch in dieser Übung auf den Gegenstrom zu achten: Wenn du nach vorn gehst, achte auf den weiter werdenden Raum hinter dir; wenn du nach hinten gehst, erlebe vor dir die entstehende Weite.

Unabhängigkeitsübungen

Unabhängigkeitsübungen sind Übungen, bei denen die Füße einem anderen Rhythmus gehorchen als die Hände, etwa beim Klatschen.

1)

Beginn mit einer Übung, die in einfachen Gegenrhythmen besteht: Du gehst − ·· (lang kurz kurz) und klatschst dazu ·· − (kurz kurz lang).

2)

Eine schwierigere Variante könnte folgendermaßen aussehen: Mit den Füßen gehst du z. B folgenden Rhythmus:

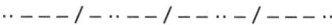

·· − − − / − ·· − − / − − ·· − / − − − ··

Wenn du das gut kannst, übst du mit den Händen den Klatschrhythmus:

− − − ·· / − − ·· − / − ·· − − / ·· − − −

Die Freiheit besteht darin, beides gleichzeitig zu können.

3)

Du kannst aber auch Übung Nr. 2 aus den vorangehenden Schrittübungen nehmen, in der du in der gleichen Zeiteinheit einen bis sieben Schritte gehst. Jetzt begleitest du sie aber mit *einer* Gebärde der Arme, egal ob du einen oder sieben Schritte dazu machst.

Oder du kannst, als Variante dazu, eine M-Gebärde (siehe S. 56) in einer Einheit «durchtasten». Das M kann oben über dem Kopf, in der Mitte oder unten im Strom der Beine gemacht werden.

Eine weitere Variante ist folgende: Bilde zwischen deinen vertikal gehaltenen Händen eine Kugel (ähnlich wie in der Ausgangsposition der Übung «Ballen − Lösen mit einer

Kugel», Seite 65, nur dass du hier die Kugel so bildest, dass du sie mit der einen Hand von vorn und mit der anderen von hinten umschließt und nicht von oben und unten). Die Hände berühren sich nicht. Öffne die Kugel nach oben, indem die Handwurzeln beieinander bleiben, dreh die Hände aneinander vorbei und schließ die Kugel wieder.

Ob du die Kugel über deinem Kopf, vor deiner Mitte oder nach unten hin bildest, spielt keine Rolle, doch hat jede Variation eine andere Qualität.

Achte darauf:

- dass du die Aufrechte beibehältst und dass der Weg, je mehr Schritte du machst, desto schwingender wird;
- dass du innere Ruhe bewahrst.

4)

Nimm die Variante mit den Armbewegungen in den drei Raumebenen aus dem Kapitel «Jeder Mensch trägt eine Krone» (S. 31) auf. Dort sind folgende Möglichkeiten des Übens genannt:

- Stehend die Armbewegungen im «Kanon» ausführen, d. h. du beginnst z. B. mit dem rechten Arm den Weg von unten in die Horizontale und setzt mit dem linken Arm ein, wenn der rechte den zweiten Weg beginnt.
- Dasselbe gehend.

Auch dies ist eine Unabhängigkeitsübung.

Die Ganzheit in der Polarität

Die folgenden Übungen verlangen innere Anschauungskraft und Gewissheit, was die Form als Ganzes betrifft, «Überblick» von innen. Das ist etwas völlig anderes, als einen Blickwinkel zu haben, denn dieser ist Ausdruck eines Schauens von außen auf eine Sache und einseitig. Von innen sehend wird man, wenn man durch eigene innere Tätigkeit anfängt, selbst ein Bild zu schaffen, und zur Ganzheit hinstrebt. Erst diese innere Tätigkeit vermag dann meinen Körper in die Leichte der Bewegung zu heben.

Am Anfang steht die Vorstellung – das ist auch bei den Abbildungen auf Seite 96 und 99 so, solange du sie bloß anschaust. Sie ist das, was noch *vor* mir steht. Deshalb geraten Vorstellungen oft in Kollision mit der Wirklichkeit – sie sind noch nicht durchfühlt und durchlebt. Ist das, was ich mir vorstelle, stimmig? Ist es lebbar? Nun bedarf es der Wahrnehmung – im Leben wie in den folgenden Übungen. Auf die Eurythmie bezogen heißt das: Ich fühle zunächst die Vorstellung durch meine Gestalt, ich nehme sie in mich auf und beginne, sie wahrnehmend zu bewegen. Ich ertaste sie mit dem Gefühl durch die Bewegung, den Gedanken entlang (der in der Form erscheint). Folge-richtig. Langsam ergibt sich so ein inneres Bild, eine Ganzheit. Nun ist man bereit, die Form im Raum zu bewegen.

In den folgenden Formen entsteht deren Ganzheit auch durch das Abwechseln von geraden und runden Bewegungsabläufen. Im Abwechseln kann man erleben, dass man sich selbst immer neu greifen muss.

Eine Gerade hat von Anfang an ihre Richtung und verhilft mir zur Klärung durch die Qualität, die sie in sich trägt, weil ich mich selbst in ihr – durch meine Mitte hindurch – ausrichte

Punkt und Umkreis

Prinzipiell ist zu sagen: Es gibt keinen Punkt ohne Umkreis und keinen Umkreis ohne (Mittel-) Punkt. Sie erzeugen sich wechselseitig und sind miteinander in vollkommenem Gleichgewicht. In vielen Übungen, wenn nicht gar in allen, bilden sie qualitativ den Grundton des Bewegungsklangs.

Für den Menschen ist es jedoch eine stetige Herausforderung, das Gleichgewicht zu finden, zu erzeugen, zu halten.

Im Alltag kennen wir das alle: «Ich muss noch, ich sollte schon lange, ich fühle mich verpflichtet ...» Oder die andere Seite: «Ich habe recht, und es steht mir zu; ich bin über Fehler erhaben; ich fühle mich ...» Das Erstere entspricht einem Umkreis, der meine Mitte, meinen Innenraum negiert (und dem ich die Macht dazu erteile). Das Letztere entspricht einem Punkt, der sich nur noch selber (re)produziert und inszeniert.

zwischen zwei Polen. Ist eine Richtung «eingeschlagen», so bleibt sie – und ich in ihr. Die Gerade ist zielgerichtet und «ursprungstreu», bestimmt durch ein Gefüge von Punkten, die sie verbindet, über die sie aber auch hinauswirkt.

Runde Formen hingegen bilden einen Innen- oder Außenraum und sind zugleich schöpferisch bewegt. Eine runde Form erneuert sich in jedem Punkt! Der Wille ist dabei ununterbrochen gefordert, eine neue Richtung zu ergreifen, zu bilden, zu gestalten.

Wechseln sich nun gerade und runde Formen ab, so wird die Fähigkeit gesteigert, sich innerlich umzustellen, da Bewegung in meinem ganzen Menschsein gefordert ist. Hat man sich in einem Prinzip «eingerichtet», ist schon wieder das andere dran ... Dies stärkt in besonderem Maße die Lebenskräfte.

Übung: Kreuzform mit Kreis

Streck deine beiden Arme senkrecht hinauf, die Handflächen nach vorne gewendet. Erleb dich in der Frontalebene stehend, der Fläche, die vorn und hinten voneinander trennt. Senk deine gestreckten Arme nun langsam wieder seitlich in dieser Ebene und fühl den Kreis, den deine Hände dabei beschreiben und in dem du drinnen stehst.

Nun beginn nochmals oben und bilde den Kreis aktiv mit der linken Hand, die, links beginnend, einen halben Kreis seitwärts nach unten beschreibt. Die rechte Hand führt dieselbe Bewegung mit Verzögerung aus, folgt auf ihrer Seite der linken, doch ohne fokussiertes Bewusstsein. Erst ganz unten übernimmt sie den Kreisstrom von der Linken und hebt ihn wieder seitlich zum Zenit empor. Nun folgt ihr auf seiner Seite der linke Arm; führe auch diesen seitlich nach oben, ohne besondere Aufmerksamkeit auf ihn zu richten. Versuch dennoch, immer die Ganzheit zu erleben.

In der Eurythmie geht es darum, einen Innenraum aufzubauen und dessen Grenzen nicht zu behaupten, sondern zu erfüllen. Dieser Raum ist unantastbar von außen, niemand kann sich diesen Raum nehmen oder darüber verfügen – denn der Mensch selbst ist dieser Raum. Innen wie außen, im Punkt wie im Umkreis. Die Eurythmie veranschaulicht weder den Punkt noch den Kreis, vielmehr werden diese in ihr zu Daseinsorten, in denen der Mensch sich beheimaten lernt und die ihm so von innen her zugänglich werden.

Nun bilde ein Kreuz in den Kreis hinein. Nimm von oben beide Hände zum Herzen und führe sie von dort horizontal links und rechts in die Weite. Nimm sie wieder herein und führe sie gerade vor dir nach unten. Von dort erneut zum Herzen und wieder horizontal seitwärts in die Weite und als letzter Weg über die Herzmitte wieder nach oben. Rechts und links kannst du wieder unabhängig von der physischen Bewegung durch Konzentrieren deines Bewusstseins betonen.

Nun lass in der Bewegung gerade und runde Formen im Wechsel aufeinander folgen. Beginn z. B. oben links und mach da einen halben Bogen nach unten (runde Form). Führe dann die rechte Hand (die linke kann auf ihre Seite ergänzend folgen) von unten zum Herzen und von dort in die Weite nach rechts (gerade Form, wenn sie auch zweiteilig ist). Von rechts beginnt wieder ein runder Weg über oben nach links, den du mit dem rechten Arm beginnst und mit dem linken Arm ab dem Zenit vollendest. Nun wieder ein gerader Weg zum Herzen und von dort nach unten (dieses Mal hast du das Bewusstsein auf der linken Hand und die rechte folgt nur ergänzend), der von einem runden Weg abgelöst wird: von unten nach oben über rechts ein Halbbogen mit dem rechten Arm. Oben übernimmt wieder der linke Arm mit einem geraden Weg zum Herzen und nach links in die Weite (wobei der rechte Arm ergänzt). Nun folgt erneut ein runder Weg, der von einem Arm begonnen wird und vom anderen beendet, diesmal aber über unten nach rechts mit dem linken Arm beginnend ... Der letzte Weg ist gerade: Er führt (beidarmig, wobei der Fokus auf dem rechten Arm liegt) von der Weite rechts zur Mitte und hinauf zum Zenit zurück.

Bewahre während der ganzen Zeit dein Zentrum als Ruhepol, fühle die Weite, die diesen umkreist ...

Hast du das soweit geübt, geh in den Raum hinein. Projiziere die Form, die du soeben an deiner Gestalt durch die Bewegung der Arme ausgeführt hast, so in den Raum, dass, was in der Gebärde oben ist, sich im Raum hinten befindet, und was in der Gebärde unten ist, im Raum vorn.

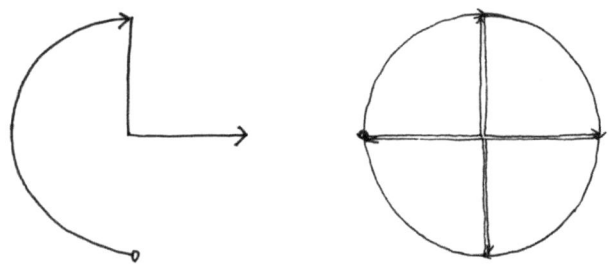

24a, 24b Kreuz und Kreis

Übe zuerst nur, einen Kreis zu gehen; äußerlich technisch ist Folgendes wichtig:

- dass die Füße immer nach vorn zeigen und nicht der Kreis*linie* folgen;

– dass die Schultern locker, aber immer parallel zur Vorderseite des Raumes, eben frontal, bleiben.

Wenn du diese beiden Punkte streng beachtest, mit deinen Schritten gut dem inneren Bild (und eben nicht der Linie) des Kreises folgst und die Schrittfolge (Kombination von offenem und kreuzendem Schritt, vorwärts oder rückwärts gehend, nach rechts oder nach links ziehend) dem Frontalitätsprinzip unterordnest, wird mit ein bisschen Üben ein schöner Kreis gelingen.

Leg dann in diesen Kreis die Kreuzform, indem du wiederum hinten (entsprechend der Gebärde oben) beginnst: Hinten – Mitte – links – Mitte – vorn – Mitte – usw.

Die Kreuzwege sind ruhiger, die Kreiswege schwingender.

Dann kannst du nach demselben Prinzip wie bei der Gebärde die Formen – Kreis und Kreuz – abwechseln. Nimm so bald wie möglich Gebärde und Form zusammen.

Achte darauf:

– dass die Kreuzmitte stets deine eigene Mitte ist, das Zentrum innen wie außen;
– dass die Gerade nicht einfach eine Linie ist, sondern in ihr Licht in Erscheinung tritt;
– dass jede Form dem Raum eine eigene Qualität verleiht.

Möglichkeiten des Übens:

– Hast du die Formen mit Schritten geübt – z. B. drei Schritte für jede der Geraden, acht kleinere Schritte für den halben Kreisbogen –, so kannst du mit der Zeit die äußere Bewegung reduzieren und die Formen immer mehr innerlich dynamisch durchbewegen; die Kreuzmitte bleibt deine eigene Mitte, das Zentrum.

- Die Geraden mit Gegenstrom üben, d. h. wenn du hinausstrebst, innerlich das Zentrum halten, egal ob es äußerlich hinter dir, neben oder vor dir liegt. Ebenso, wenn du in eine Gerade hineingehst, die Weite dadurch sichtbar werden lassen, dass du das Bewusstsein «spannst» zwischen Peripherie und Zentrum – bist du im Zentrum, hast du den größten Umkreis. Oder anders gesagt: Wer bei sich ist, ist offen für andere(s).
- Erlebe die runden Bögen immer im Spannungsfeld von oben-unten bzw. rechts-links und dadurch in verschiedenen Qualitäten: So z. B. den Bogen von hinten oben nach vorne als ein Licht-in-die-Tiefe-Tragen. Den Bogen von unten vorne nach oben-hinten als ein Verbinden der Schwere (oder das Gewicht des Lebens) mit dem Licht. Den Bogen von rechts nach links über oben als ein Gefühl für den Menschen im Gleichklang mit seinen geistigen Impulsen; er schafft Gleichgewicht durch die Kraft des Lichtes, das hinten hineinleuchtet. Den Bogen von links nach rechts über unten als ein Gefühl für den Menschen, der sich in der Materie selbst führen kann und darin ebenfalls das Gleichgewicht schafft.

Ein Gedicht kann dir Atem geben. Beispielsweise eines von Christian Morgenstern:

> Alles fügt sich und erfüllt sich,
> musst es nur erwarten können
> und dem Werden deines Glückes
> Jahr und Felder reichlich gönnen.
>
> Bis du eines Tages jenen
> reifen Duft der Körner spürest
> und dich aufmachst und die Ernte
> in die tiefen Speicher führest.[19]

Übung: 5-Stern mit Kreis

Nimm in den beiden folgenden Formen die Struktur des
5-Sterns als Grundlage (siehe dazu S. 82). Die «Abfolge» der
Geraden wird durch die runden Formen aufgebrochen, indem
du zwar mit einem geraden Weg beginnst, auf diesen aber ein
runder folgt. An dem Punkt, an den dich die Bogenform führt,
setzt du wieder mit dem geraden 5-Sternweg ein.

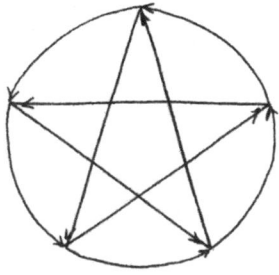 

25a, 25b 5-Stern mit Kreis

Beginnst du also mit einem 5-*Stern*-Weg vom Kopf zum
rechten Fuß und machst dann einen runden Weg entlang dem
5-*Eck* zum nächsten Sternenspitz, ist der zweite 5-*Stern*-Weg
derjenige vom linken Fuß zum Kopf zurück. Wendest du dann
aber das Prinzip Gerade-Runde konsequent an, wirst du am
Ende mit einer runden Form wieder beim Kopf ankommen.
Das Gleiche gilt für die zweite Formvariante.

In beiden Varianten kannst du auf die geraden Formen
einen Vokal, ein Konsonant wie das L auf die runden Formen
hinzunehmen. Damit holst du deine ganze Gestalt in die Form
hinein. Bleibe aufrecht, du bist Gestaltende/Gestalter.

Tägliche Gegenkraft: geistdurchdrungene Materie

> *«Bald wird es keinen Zollbreit unseres inneren Raumes mehr*
> *geben, der nicht jeden Tag niedergetrampelt wird. Die Liebe, ja*
> *selbst die Liebe ... wird zum Schauspiel ... All dies wäre ja nicht*
> *weiter schlimm, wenn die Menschen nur Maschinen wären.*
> *Aber es erweist sich, dass sie doch etwas anderes sind, denn sie*
> *besitzen ein Ich. Und dieses Ich hat eigene Gesetzmäßigkeiten.*
> *Um es mit anderen Worten auszudrücken: das Ich hat gewisse*
> *Wachstumsbedingungen. Es ernährt sich ausschließlich von den*
> *Bewegungen, die es selbst macht.»*[20]
>
> *Jacques Lusseyran*

Das Wort «Übung», das in diesem Büchlein häufig gebraucht
wurde, vermittelt den Eindruck, dass es in der Eurythmie
darum geht, am Ende etwas zu können, was man eben geübt
hat. Das ist gewiss auch der Fall. Viel wichtiger sind jedoch
die Betätigung, die innere Aktivität, das Erzeugen von Bildern, auch wenn ich sie schon lange «weiß». Immer wieder
wird es darum gehen, die Vorstellung, die Wahrnehmung
durch Fühlen und die Handlung, das Ausführen, in eine Einheit zu bringen. Das ist wiederum etwas, das du zwar «können» kannst, aber solange du es nicht auch tust, ist es nicht
da. Diese Einheit ist nur dann auf der Welt, wenn du sie voll-
ziehst. Sie kann dir Kraft geben für den ganzen Tag, sie kann
der Seele Frieden schenken für die Nacht, sie kann ermutigen,
beleben und stärken – für die Welt. Denn wir bilden Welt
durch uns selber.

Geistdurchdrungene Materie, das ist der Mensch, wenn er
sich selbst in seinem Wesenskern als Geist findet – in der
Materie, durch sie hindurch, sie belebend. (Und nicht umge-

kehrt, als wäre der Geist eine Spiegelung physischer Vorgänge, wie die Naturwissenschaft mit Blick auf die erste – oder letzte? – Wirklichkeitsebene, die physische, annimmt.)

Bei der folgenden Zusammenstellung von Übungseinheiten handelt es sich um Vorschläge, nicht um Rezepte, die «funktionieren». Wenn du für dich eine Übung findest, die in deiner Situation, für deine Konstitution, dein Befinden passt, dann mach sie, fühle dich frei, probiere aus, suche.

Übungseinheiten

Für den Morgen
I A O in der Gestalt (S. 24)
Ich denke die Rede; Stellungen mit Worten, dann Stellungen springen (S. 76)
Ja – Nein (ganz langsam) (S. 45)
Hoffnung – U (S. 48)
Unabhängigkeitsübungen (S. 90)

Für den Abend
Ich denke die Rede; Stellungen mit Worten (S. 76)
Hallelujah (S. 71)
A – Verehrung (S. 47)
Einspiralung – Ausspiralung (S. 43); Ballen – Lösen (S. 63)
Tonleiter in einer Lemniskate (S. 66)

Zur Ermutigung
I A O (S. 24)
Ja – Nein (S. 45)
Hoffnung – U (S. 48)
Liebe – E (S. 50)
Dreiteiliges Schreiten (S. 31)
Licht strömt aufwärts – Schwere lastet abwärts (S. 44)

Zur Belebung

Ich denke die Rede; Stellungen springen (S. 76)
Rhythmisches R (S. 60)
Abwärtsgehende Septime (S. 86)
Geschicklichkeits-E (S. 88)

Zur Stärkung der Persönlichkeit

Ja – Nein (S. 45)
Liebe – E (S. 50)
5-Stern mit I (S. 85)
Umstellungsübungen (Ich denke die Rede [S. 76]; Wir
suchen die Seele ... [S. 80]; 5-Stern [S. 82])
Unabhängigkeitsübungen (S. 90)

Zur Stärkung der Lebenskräfte

Kreuzform mit Kreis (Abwechslung von Geraden und
Runden) (S. 94)
Abwärtsgehende Septime (S. 86)
Ja – Nein (S. 45)
A – Verehrung (S. 47)
Halleluja (in äußerlich nur angedeuteten Gebärden, aber
kräftiger innerer Gestaltung) (S. 71)

Bei Erschöpfung

Sich aufrichten (S. 20)
Dreiteiliges Schreiten (S. 31)
Kreuzform mit Kreis (ganz ruhig, meditativ) (S. 94)
A – Verehrung (S. 47)
Hoffnung – U (S. 48)
Einspiralung – Ausspiralung (S. 43)
Licht strömt aufwärts – Schwere lastet abwärts (S. 44)

Zur Harmonisierung

I A O (S. 24)
Kiebitz-M (S. 56)

Ballen – Lösen mit einer Kugel (S. 65)
Hallelujah (S. 71)
Tonleiter in einer Lemniskate (S. 66)

Zur Beruhigung
Fließendes Schreiten mit Armbewegung in den drei Raumebenen (S. 33)
Formen mit Gegenstrom (S. 42)
Ich denke die Rede; Stellungen mit Worten (S. 76)
Ballen – Lösen mit einer Kugel (S. 65)

Zur Entspannung
Rhythmisches R (S. 60)
B zum Lösen von Spannungen im Kopf und Schulterbereich (S. 58)
Ballen – Lösen (S. 63)
Tonleiter in einer Lemniskate (S. 66)

Bei einseitiger Arbeit vor dem Bildschirm
Rhythmisches R (S. 60)
Armbewegung in den drei Raumebenen (S. 34)
I A O (kräftige, innere Bewegungen) (S. 24)
Kiebitz-M (S. 56)
B zum Lösen von Spannungen im Kopf und Schulterbereich (S. 58)
Ich denke die Rede (S. 76)

Anhang

Anwendungsgebiete der Eurythmie

Erziehung

Da die Eurythmie die Menschenseele mit Bildern nährt, den Menschen lehrt, von der Vorstellung über das Gefühl in den Willen zu kommen, seine Wesenskraft stärkt und ihn so für das *wirkende* Leben statt nur für das sogenannte «wirkliche Leben» vorbereitet, ist sie für die Erziehung, vom Kleinkinderalter bis zum Schulabschluss, ein wichtiges Element der Waldorfpädagogik. Wer tiefer im Leben steht, ist näher bei sich selbst. Dies gibt Zukunftsmut, innere Freiheit und Sicherheit.

Dazu kommt der soziale Aspekt, der gegebenenfalls bestimmend sein kann, da sowohl im Bereich der Erziehung als auch im Arbeitsleben in der Eurythmie in Gruppen gearbeitet wird.

Arbeitsleben

Sei es zum Ausgleich einseitiger Arbeitsprozesse, zur Wahrnehmungsschulung oder zur Teambildung durch Bewusstsein von den Räumen *zwischen* einander, sei es zur Belebung von sich totlaufenden Denkprozessen, die neuen Freiraum für Ideen brauchen, zur Erfrischung der Seele, die stundenlang an den Bildschirm gebunden ist, oder zur Burnout-Prophylaxe: Wo immer mehr Druck von außen entsteht, kann sich der Mensch durch die Eurythmie Innenraum verschaffen und diesen durch eigene Aktivität erfüllen. Er wird Mit-Arbeiter. Von der Produktionsebene bis zum Management eines Unternehmens vermag die Eurythmie einen einmaligen Beitrag zu leisten. Denn nur Menschen, die ihr Potenzial entfalten können und gesund bleiben, machen Organisationen entwicklungsfähig.

Heilkunst

Wie im Kapitel «Liebe zu der auszuführenden Bewegung» erwähnt wurde, ist die Eurythmie eine Heilkunst. Die Lautkräfte wirken als makrokosmisches Prinzip auf den Mikrokosmos Mensch, der sich durch seine Willensbetätigung selbst daran anschließt. Dadurch wird sein physischer Leib angeregt, dem geistigen Prinzip entsprechend, das ihm ursprünglich zugrunde liegt, zu gesunden.

Bühnenkunst

Eurythmie ist auch eine Bühnenkunst – zum einen weil jeder Prozess eine Kunst ist und den Künstler braucht, der ihn gestaltet, zum andern aber auch durch die Wirkungskraft, die in der Sprache und in der Musik liegt. Auf der Bühne wird die Eurythmie tatsächlich sichtbare Sprache, sichtbarer Gesang. Dem Ideal nach ist sie jedoch nie *Darstellung*, sondern immer *Vollzug*, Realgeschehen im Moment. Niemals ist etwas symbolisch oder sinnbildlich gemeint, sondern immer wesenhaft wirklich.

Weitere (mögliche) Arbeitsfelder

Bei Suchtproblematik

Ein Mensch, der in Abhängigkeit gerät, verliert sein Ich an den Stoff (Droge, Arbeit, Sport, etc.). Jede Sucht bindet das eigentliche «Suchen» an Antworten, die dieses nicht befrie-

digen. Eurythmie kann helfen, innerlich wieder in Bewegung zu kommen und aktiv aus dem ich heraus die «Hoheit» der Gestaltungsmacht über das eigene Leben zurückzugewinnen. In diesem Sinne ist Eurythmie auch Prävention.

«Denken in Bewegung» an Hochschulen und Universitäten

Denken in Bewegung hat zwei Seiten: Einerseits heißt es beweglich werden im Denken, doch andererseits heißt es ebenso, dass mein Denken dort stattfindet, wo die Bewegung selbst ist – nämlich nicht in meinem Kopf, sondern beim Phänomen, sei es ein physisch-sinnliches Phänomen oder ein geistig-anschauliches. (Die deutsche Sprache trägt die exakte Beschreibung dieses Vorgangs in sich: Das Denken hat «Hände», die das Phänomen abtasten, es «erfassen», «begreifen», und Füße, die «der Sache nachgehen».) Da man in der Eurythmie in der Bewegung denkt, ist sie eine hervorragende Begleitung für Menschen, welche die Probleme unserer Zeit lösen wollen.[21]

Musik(hoch)schule

Die Toneurythmie wurde in diesem Büchlein zwar nur gestreift, durch sie kann jedoch das Musikalische als Erleben des ganzen Menschen erfasst werden. Der Fokus liegt dabei auf den Fragen: Was ist das Dazwischen? Wie entsteht eine Ganzheit? Wodurch wird ein musikalischer Bogen hörbar? Kann ich den Anfang vom Ende her spielen? Was ist die Qualität von Intervallen? Wie bewegt ist eine musikalische Pause?

Verzeichnis der Übungen in alphabetischer Reihenfolge

Hinweise

1 Rudolf Steiner, *Menschenfragen und Weltenantworten* (GA 213). Rudolf Steiner Verlag, Dornach 1987, S. 24, oder *Über die astrale Welt und das Devachan* (GA 88). Rudolf Steiner Verlag, Dornach 1999, S. 41.

2 Rudolf Steiner, Vortrag vom 4. Juni 1924, in: *Esoterische Betrachtungen karmischer Zusammenhänge. Zweiter Band* (GA 236). Rudolf Steiner Verlag, Dornach ⁶1988, S. 242 ff.

3 Jacques Lusseyran, *Ein neues Sehen der Welt. Gegen die Verschmutzung des Ich*. Verlag Freies Geistesleben, Stuttgart 1993, S. 65 ff.

4 Ebd., S. 36.

5 Zu dieser Übung ist es sehr erhellend, das erste und vor allem das zweite Gespräch mit Johannes Stüttgen in dem *Flensburger Heft* 1/2007 zu lesen, worin er den Begriff der Freiheit und den Begriff des Menschen von verschiedenen Seiten beleuchtet.

6 Rudolf Steiner, Vortrag vom 24. Juni 1924, in: *Eurythmie als sichtbare Sprache* (GA 279). Rudolf Steiner Verlag, Dornach 1990, S. 49.

7 «Friedenstanz» («Welt und Mensch»), aus: Rudolf Steiner, *Wahrspruchworte* (GA 40). Rudolf Steiner Verlag, Dornach 2005, S. 161.

8 Rudolf Steiner, Vortrag vom 8. April 1922 und Fragebeantwortungen, in: *Damit der Mensch ganz Mensch werde. Die Bedeutung der Anthroposophie im Geistesleben der Gegenwart* (GA 82). Rudolf Steiner Verlag, Dornach ²1994, S. 48 ff. und 228 ff.

9 Zeit ist der Organismus, der ich selber bin. Das kann ich daran erleben, dass ich mich selbst in der Zeit größer empfinde als im Raumerleben. In der Zeit steht das Frühere mit dem Späteren in einem Zusammenhang. Stehe ich außerhalb, kann ich Zeit nur im Verhältnis zum Raum wahrnehmen; bewege ich mich aber in der Zeit, wird mir ihr Gefüge und dadurch ich mir selbst auf eine neue Art erlebbar.

10 Siehe Hinweis 5.

11 In der Bildekräfteforschung nach Dorian Schmidt mit Martina Geits in Dornach zu eurythmischen Übungen sind damit sehr interessante Erfahrungen gemacht worden (siehe Dorian Schmidt, *Lebenskräfte – Bildekräfte: Methodische Grundlagen zur Erforschung des Lebendigen. Einführung in die Bildekräfteforschung.* Verlag Freies Geistesleben, Stuttgart, 2011). Dabei konnte erlebt werden, wie sich Räume voll Licht und Zuversicht öffnen im Ja und wie sich eine dunkle Wand vor einen schiebt im Nein. In der Abwechslung von Ja – Nein wurde dann gleichsam völlig klare Bergluft und Freiheit durch selbst ergriffene Verantwortung erlebt.

12 Rainer Maria Rilke: «Handinneres». *Aus Taschen-Büchern und Merk-Blättern: in zufälliger Folge.* Band 3 von: *Aus Rainer Maria Rilkes Nachlass.* Wiesbaden, Insel 1950, S. 29.

13 Aus dem Spruch «Sonne, du Strahlentragende», November 1924, in: Rudolf Steiner, *Mantrische Sprüche. Seelenübungen II, 1903–1925* (GA 268). Rudolf Steiner Verlag, Dornach 1999, S. 109.

14 Armin J. Husemann, *Der musikalische Bau des Menschen*. Verlag Freies Geistesleben, Stuttgart, 2003; Armin J. Husemann, *Der hörende Mensch und die Wirklichkeit der Musik*. Verlag Freies Geistesleben, Stuttgart, 2010.

15 Sieben Töne hat die Tonleiter, der achte ist eine neue Stufe des Grundtones. Sieben Tage hat die Woche, sieben Jahre ist eine Zeit, in der sich Neues bildet – ein Kind ist mit sieben Jahren schulreif, ein Jugendlicher mit vierzehn geschlechtsreif, mit einundzwanzig erlangt ein Mensch Erdenreife etc.

16 Im Hebräischen bedeutet das Wort Hallelujah «Lobet Gott». J-A-H steht für Gott, dessen Name im Judentum nicht ausgesprochen werden soll. Das H ist unhörbar, aber darin anwesend ist der Geist.

17 Johannes Stüttgen, «Die Freiheitsstatue und die ‹Soziale Plastik›». *Flensburger Heft* 1/2007, S. 28.

18 Anfang des Gedichts «Moral». *Doktor Erich Kästners Lyrische Hausapotheke: ein Taschenbuch*. Basel: Atrium-Verlag, 1936, S. 31.

19 Christian Morgenstern, «Stilles Reifen»; in: *Gedichte in einem Band*. Insel Verlag, Frankfurt am Main und Leipzig 2003, S. 621.

20 Jacques Lusseyran, *Ein neues Sehen der Welt. Gegen die Verschmutzung des Ich*. Verlag Freies Geistesleben, Stuttgart 1993, S. 70 ff.

21 Obwohl ausschließlich auf das Denken selbst gerichtet, deutet in diese Richtung auch das Buch von Natalie Knapp, *Der Quantensprung des Denkens. Was wir von der modernen Physik lernen können*. Rowohlt Taschenbuch Verlag, Hamburg, 2012.

Sivan Karnieli wurde 1977 in Zürich geboren. Seit sie Kind war, empfindet sie Freude an der Eurythmie. Studium der Philosophie und Psychologie in Zürich, danach Studium der Eurythmie in Dornach. Zu ihrem Berufsfeld gehören Pädagogik, Erwachsenenbildung und Bühne. Mit ihrer «Unternehmung Eurythmie» bietet sie sowohl Eurythmie fürs Arbeitsleben als auch für/gegen den Alltag an. Sie ist verheiratet und lebt in der Nähe von Basel.
www.sivankarnieli.de

Nina-Sophie Jutard-Graewe wurde 1980 in Göttingen, Deutschland geboren. 2002–2006 Studium der Malerei an der Assenza Malschule Münchenstein. 2007 Geburt einer Tochter. Seit 2009 Kunstlehrertätigkeit an der Rudolf-Steiner-Schule Basel.